# BIOGRAPHIC
# AUSTEN

# 奥斯丁传

[英] 索菲·柯林斯 著
宋悦玮 译

江西美术出版社
全国百佳出版单位

# 奥斯丁传

[英] 索菲・柯林斯　著
宋悦玮　译

图书在版编目（CIP）数据

奥斯丁传 / (英) 索菲・柯林斯 (Sophie Collins)著；宋悦玮译.
-- 南昌：江西美术出版社, 2018.11
ISBN 978-7-5480-6346-9

Ⅰ. ①奥… Ⅱ. ①索… ②宋… Ⅲ. ①奥斯丁(Austen, Jane 1775-1817) - 传记 - 青少年读物 Ⅳ. ①K835.615.6-49

中国版本图书馆CIP数据核字(2018)第194125号

# Biographic Austen

by Sophie Collins



出 品 人 \ 周建森
策　　划 \ 李国强
责任编辑 \ 李国强
书籍设计 \ 韩　超
责任印制 \ 谭　勋

出　　版 \ 江西美术出版社
社　　址 \ 南昌市子安路66号
网　　址 \ www.jxfinearts.com
电　　话 \ 0791-86566329
邮　　编 \ 330025
经　　销 \ 全国新华书店
印　　刷 \ 浙江海虹彩色印务有限公司
版　　次 \ 2018年11月第1版
印　　次 \ 2018年11月第1次印刷
开　　本 \ 889 × 1194　1/32
印　　张 \ 3
ISBN 978-7-5480-6346-9
定　　价 \ 45.00元

# 目录

# 标志性

当我们可以通过一系列标志性图像辨识出一位文学家时，我们也就知道了她对我们文化和思想的影响到底有多深。

Emma

# 介绍

文学批评家乔治·赛恩茨伯里在1984年为新编版的《傲慢与偏见》写序时，将追随奥斯丁小说的人们称为“简迷”。那时，她的知名度已经远超她在世时了。“简迷”这个词迅速地成为了那些对奥斯丁作品有着极大热情的读者的代名词。如今，奥斯丁不仅深受大众的喜爱，而且成为了众多粉丝的偶像。随着知名度的上升，她被公众定义为一名浪漫主义作家——学会、博客以及书籍中都以浪漫主义作家的身份来讨论她的生活与作品——然而这个定义对于她来说有些以偏概全了。

读者们在奥斯丁的作品中看到的形象是读者选择的。她在书中呈现出许多不同的个性：是一位浪漫的迷人的作家？一个尖锐、幽默的社会习俗观察者？还是从她的阴郁或讽刺的段落背后透露出的愤世嫉俗者？

“沃尔特·司各特没有理由去写小说，尤其是这么棒的小说——这不公平——作为一个诗人他有着足够的名望以及财与利益，他不应该抢别人的生计。”

当然，答案是以上形象皆是。那些强烈批评她的人往往忽略了这一点：她在有限的场景中创造了一个多样化的世界，一个值得去反复阅读的世界——比如“一个国家中村庄里的三四户人家”，她告诉侄女安娜这是对于小说家来说有价值的关注点。夏洛蒂·勃朗特可能会鸡蛋里挑骨头地说自己不喜欢与“奥斯丁式”淑女和绅士们生活在优雅但是无时无刻受到约束的房屋当中，马克·吐温更是直率地将对“奥斯丁式”淑女气质的反感上升为半开玩笑的文学厌恶。但是，没有一个人能够像奥斯丁一样那么善于捕捉到对话之间的氛围，或是无声的感情之间的回音。而这些情绪，往往远超过浪漫主义中那些老套的情节。

虽然各式各样的资料很有趣，但是，无论是看她写的小说还是各种各样的博客和电影，我们仍旧很难从一个新的角度将奥斯丁看透。其中一种让我们能够走近奥斯丁的方式是重新审视奥斯丁周围的环境——她出生的世界和她短暂一生中经历的种种变数，她生活中的细节和她所做的一切；以及她留下的遗产。传记式的论述提供了一个完美的机会来间接地谈论这个话题：它部分上是将奥斯丁的一生数字化了(她有多少兄弟姐妹？有多少人在全国各地？她有多少作品，这些作品和她同时代的人相比如何？她有多少钱？)，同时，也有一部分机会让我们去探寻她人生中的各个方面在不同背景下的过去以及现在的样貌。

“我必须保持我自己的风格，用我自己的方式；尽管我可能永远不会成功，但是我相信我在其他的风格以及方式中绝对会失败。”

这本书不是按照顺序阅读而设计的。飞快地翻阅着书籍，图像化的“诱饵”将会让你带入其中。沿着这条路，你将会探索到简·奥斯丁的不同形象：一位乔治王时期的女性、妹妹、病人，一名周旋于出版书籍与版税的作家，有时甚至是一位悍妇。不过，奥斯丁本人最突出的特点便是一个现实主义者，这个特点使我们轻松的区别出她与其他人的差别。她知道，人生并非事事称心如意。也许，她是第一个捕捉到日常生活中真正味道——生活中的高潮、低谷以及世俗的小说家。对于这一点，她的地位无人能及。

“由于受到惊吓，谢伯恩的黑尔太太早产好几周，昨天生下一个死婴。我估计是由于她无意中看了自己的丈夫一眼……”

# 01
# 生活

“在我看来，如果脑袋里塞满了羊肉和大黄（一种草药）的话，创作几乎是不可能的。”

——简·奥斯丁，1816年写给卡桑德拉·奥斯丁的信，关于日常生活中写作的困难。

# 简·奥斯丁

## 在1775年的12月16日出生于英国（英格兰）汉普郡的史蒂文顿

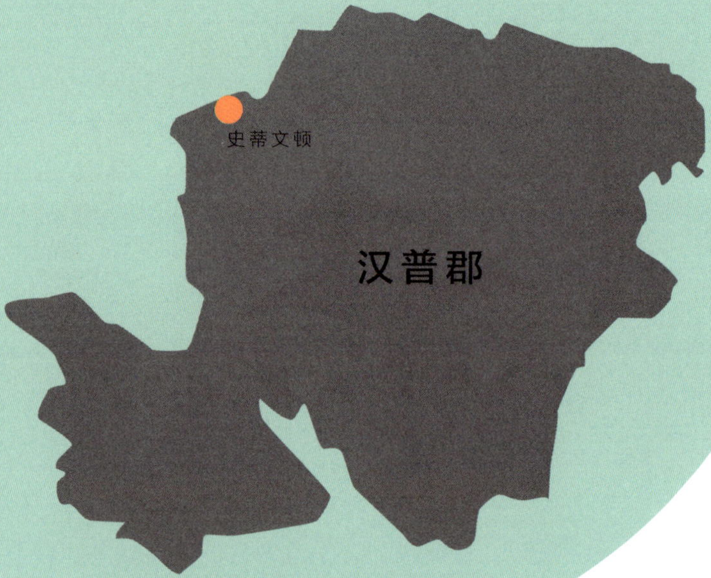


1775年12月16日，简·奥斯丁出生在汉普郡史蒂文顿的一个小村庄，她的父亲乔治·奥斯丁是这个教区的牧师。不过，无论是迟迟来到世界上的简还是她的母亲卡桑德拉·奥斯丁都预估错了她的出生日期——她比预期的出生日期晚了整整一个月。作为8个孩子中的第7个，她是两个女儿中最小的一个。

奥斯丁一家和至少两名仆人住在一个有7个卧室和3个阁楼的牧师公馆中，虽然有些拥挤，但是一家人其乐融融。然而，像18世纪后期的许多其他女性一样，奥斯丁夫人并没有把刚出生的她带在身边:在新生儿大约3个月大的时候，她们就被送到村里的奶妈那寄养。在那里,孩子们至少要待上一年，除了父母几次仅有的探望之外，他们直到学会走路才会被送回家。这就是一个忙碌的牧师太太无情但又实际的例行方式。

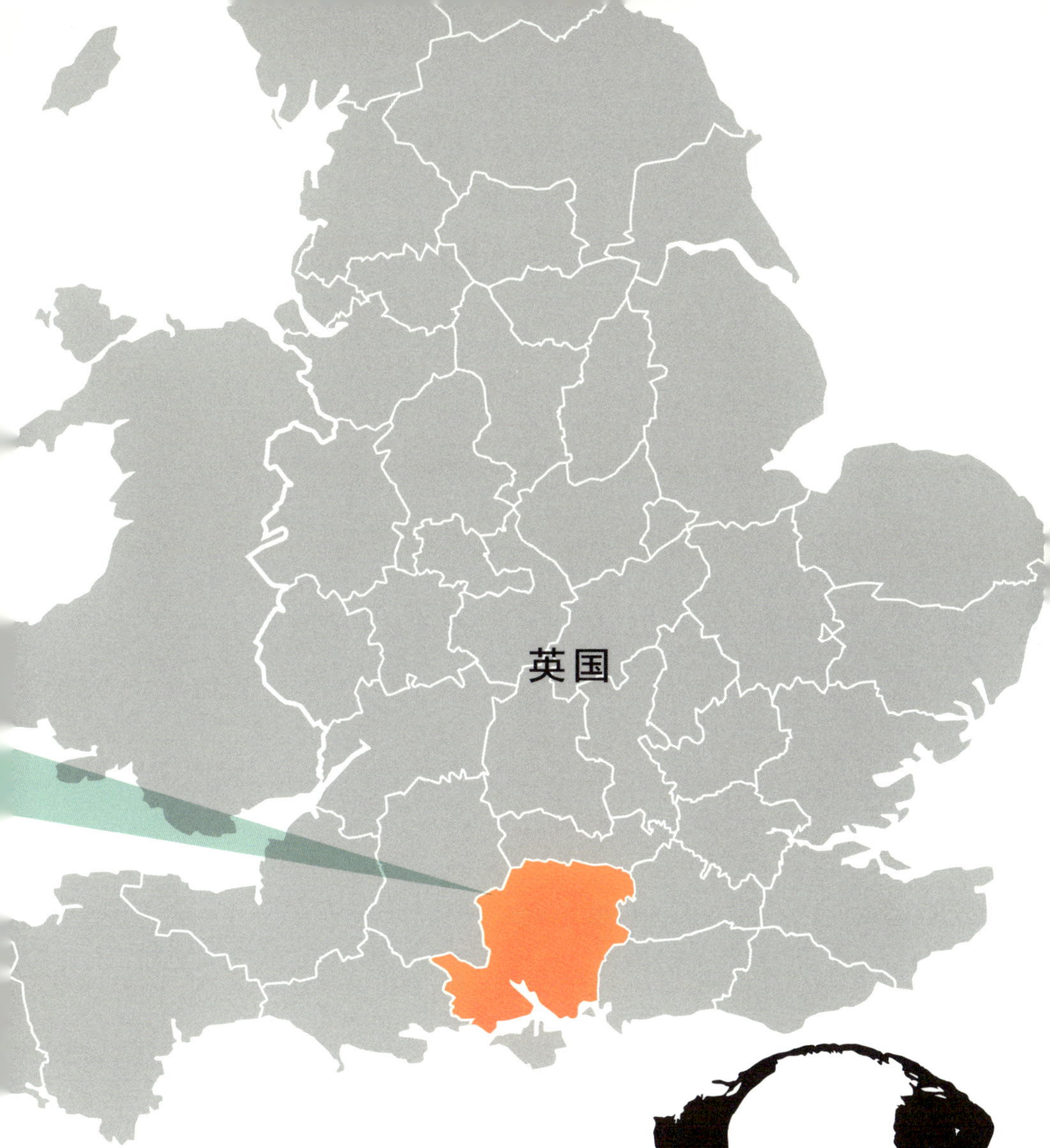

同样出生在汉普郡：

**查尔斯·狄更斯**

（1812—1870）

# 1775
# 年的世界

简·奥斯丁出生的英国乡村在18世纪最后一个季度看似平静。然而，在史蒂文顿教区的围墙外，工业革命开始了，美国独立战争的第一场战役也已打响。同时在几年前，库克船长在他的首次航行中发现了澳大利亚。成年的奥斯丁或许更关注于她的2寸象牙雕刻的写作方式，但是，外部世界的种种变化还是会浸入到她的生活以及作品当中。

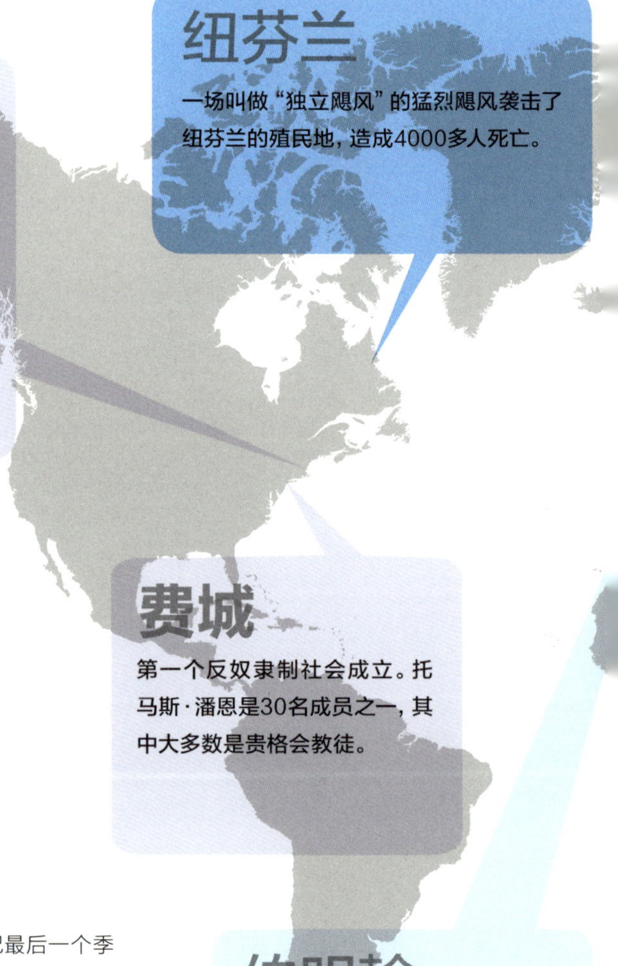

## 波士顿

在美洲，在保罗·列维尔策马警告殖民地民兵英军即将来袭的第二天，列克星敦和康科德的战斗在马萨诸塞州和波士顿打响，标志着4月19日革命的第一次军事介入。

## 纽芬兰

一场叫做“独立飓风”的猛烈飓风袭击了纽芬兰的殖民地，造成4000多人死亡。

## 费城

第一个反奴隶制社会成立。托马斯·潘恩是30名成员之一，其中大多数是贵格会教徒。

## 伯明翰

在英格兰地区，詹姆斯·瓦特完成了他最初的两个工业化的大气压力机的设计。

## 伯明翰

约翰·巴斯克维尔，英国著名的印刷商，于1月8日逝世于伯明翰.

## 圣彼得堡

3月17日，卡捷琳娜大帝在俄国（俄罗斯）颁布了禁止自由农奴回归农奴制的法令。

## 朴茨茅斯

詹姆斯·库克船长乘坐皇家“决心”号停靠在了英格兰南岸完成了他的第二次航行——首次穿越南极圈。

## 兰斯

6月11日，法国的最后一位国王路易十六与皇后玛丽·安托瓦内特在兰斯大教堂加冕。

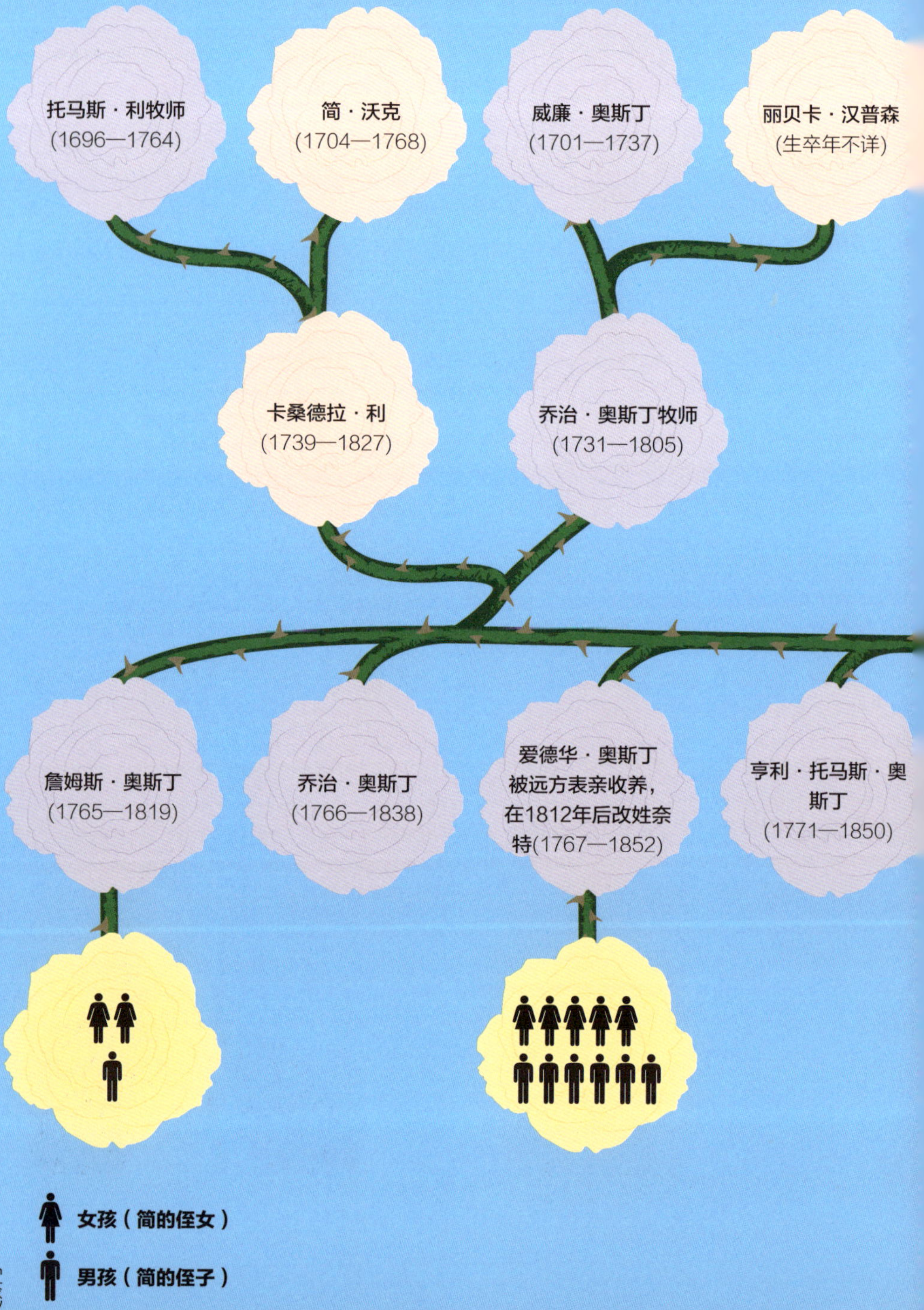
托马斯·利牧师
(1696—1764)
简·沃克
(1704—1768)
威廉·奥斯丁
(1701—1737)
丽贝卡·汉普森
(生卒年不详)
卡桑德拉·利
(1739—1827)
乔治·奥斯丁牧师
(1731—1805)
詹姆斯·奥斯丁
(1765—1819)
乔治·奥斯丁
(1766—1838)
爱德华·奥斯丁
被远方表亲收养,
在1812年后改姓奈
特(1767—1852)
亨利·托马斯·奥
斯丁
(1771—1850)
女孩(简的侄女)
男孩(简的侄子)

# 简的家系图

不知为何，有关于简·奥斯丁的图像总是描绘她只身一人在一个安静的房间里，每天都在用鹅毛笔画来画去。但看看她的日记和家庭就证明了这一点与事实相去甚远。在她的7个兄弟姐妹中，不仅所有人长大成人，而且还有5个已婚，4个拥有着许多子嗣。其中，弗朗西斯·奥斯丁和爱德华·奥斯丁·奈特每人家各有11个孩子，其中大部分也活到了成年——这种现象在当时并不常见。奥斯丁平日不仅周围有家人的陪伴，她还经常去拜访其他家人和朋友们。对此，她总是抱怨自己没时间去写作。

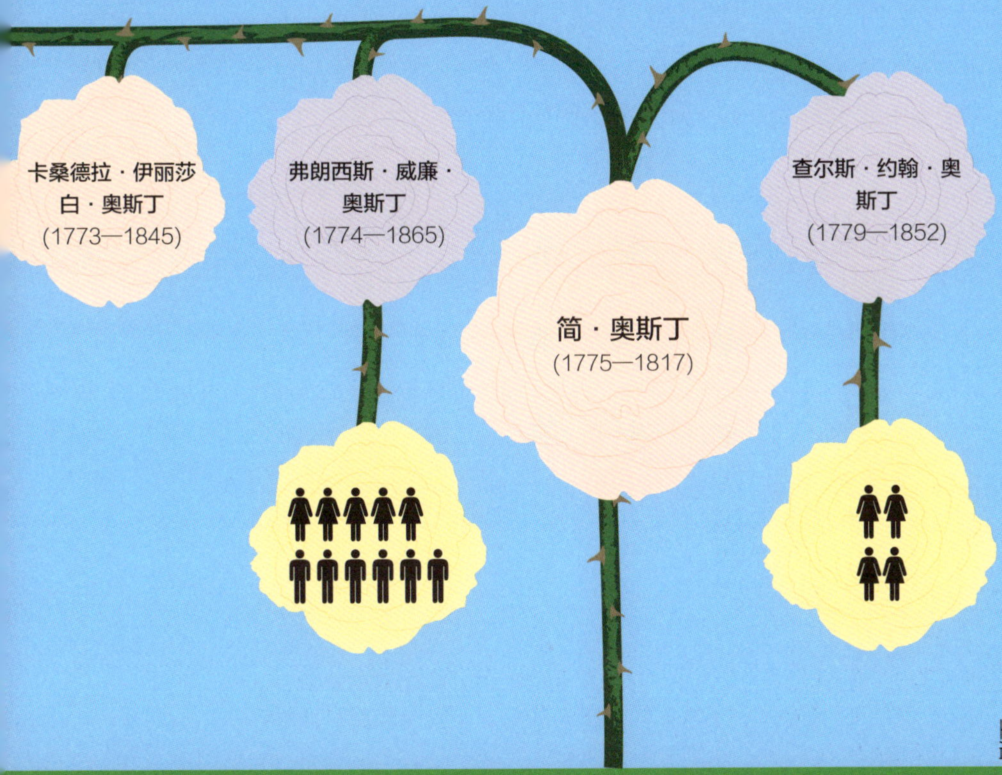


生活

# 小时候的奥斯丁：早年

简·奥斯丁从她孩提时代便开始写作了，但是直到1811年她才出版了第一部小说《理智与情感》。那时，她35岁了，距离她父亲替她第一次找到出版商时已经过去了14年。她来自一个鼓励自我表达情感的家庭：她的母亲为她的孩子以及教区里寄宿学校的孩子们写一些押韵的杂记，而且所有的孩子都会参与日常的家庭戏剧演出之中。总而言之，奥斯丁的家庭是一个生气勃勃的、有活力的以及充满着各种活动的地方。

## 1775

简·奥斯丁于12月16日出生在史蒂文顿

## 1778

范妮·伯尼撰写的一部关于一位天真无邪的少女步入社会的小说《伊夫莱娜》出版并且流行了起来。

## 1787

简开始认真地写一些故事以及诗歌，这些作品在之后被称为她的青少年时期作品。

## 1786

威廉·托马斯·贝克福德的哥特式杰作《瓦泰克》被翻译为英文出版。

## 1785

简和卡桑德拉被送到由拉·图尔内斯夫人主管的修道院学校读书。在那里，他们学习拼写、语法知识、针线活，还有一些法语和音乐。1786年时她们回家了。

## 1784

奥斯丁一家为家人和朋友们上演了谢里丹的作品《情敌》。

## 1783

简和卡桑德拉被送到牛津镇考利太太的学校读书。在学校迁到南安普顿不久后，伤寒病爆发了，两姐妹被送回史蒂文顿 。

## 1782

家庭戏剧在教区内首演。
那一年，简只有6岁。

## 1790

简完成了她的第一部长篇小说《爱情与友谊》。

## 1793

简加快了写作的步伐，完成了她青少年时期作品的最后一部分。

## 1794

简开始着手于《苏珊夫人》和《埃丽诺与玛丽安》的写作。

## 1794

安·拉德克利夫的《奥多芙的神秘》出版了，简将这本书在《诺桑觉寺》 中赋予了一个滑稽的角色设定。

## 1795

简遇到了她的挚爱——家人朋友的侄子汤姆·勒弗罗伊。然而简的家庭极力阻止了两人的感情。在1796年早期，汤姆离开了史蒂文顿。简再也没有见过他。

## 1796

范妮·伯尼由订阅费资助的第三部小说《卡米拉》出版了，简的名字出现在了订阅名单当中。

## 1796

简开始写《初次印象》，这部作品后来成为了《傲慢与偏见》。

## 1803

简的哥哥亨利将《苏珊夫人》的手稿以10英镑的价格卖给了伦敦的克罗比公司。本杰明·克罗比承诺了会出版这部书，但是没有承诺出版时间（事实上，《苏珊夫人》未被出版）。

## 1802

12月时，简接受了儿时玩伴，同时也是一名房地产继承人的哈里斯·比格-威瑟的求婚。他是一名没有太大魅力的小伙子。简在答应后没多久就悔婚了。

## 1800

乔治·奥斯丁宣布了退休，并决定举家搬去巴斯。

## 1798

简完成了《理智与情感》的前身《埃丽诺与玛丽安》的修订，并且开始着手于一部新的小说。这部小说先后被熟知为《苏珊夫人》和《凯瑟琳》，最终出版为《诺桑觉寺》。

## 1797

乔治·奥斯丁向伦敦的出版商托马斯·卡德尔寄出了简的作品，然而装有作品的这封信又被原封不动地退回来了。同年，简和卡桑德拉在巴斯与哥哥詹姆斯待了一段时间。

# 住在教区里的女儿们

简·奥斯丁和勃朗特三姐妹可能是英国文学中最著名的郊区牧师的女儿们了。她们四人一共创作了13部小说，包括了一些在英语文学中经久不衰的佳作。奥斯丁出生最早，在奥斯丁死后仅仅一年，夏洛蒂·勃朗特出生了。虽然她们的生活表面上看着差不多——四人中只有夏洛蒂结婚了，而且还是晚婚。但是，奥斯丁与勃朗特三姐妹之间的差异就如同拥有着起伏以及优美地貌的汉普郡与伫立着艰苦小镇的荒原约克郡之间的差距一样。勃朗特三姐妹相比于奥斯丁的社交层次要低一些，分配到写作的时间相对要少，生活经历也更加的独立。但是，让其他许多作者更加震惊的是，勃朗特三姐妹她们在短暂而又有限的生命中竟然创作了这么多作品。

**总字数：**
732049

《傲慢与偏见》 122685

《理智与情感》 123623

《诺桑觉寺》 77977

《爱玛》 162853

《曼斯菲尔德庄园》 160802

《劝导》 84109

## 简·奥斯丁

(1775—1817)

**其他作品**
青少年时期的作品

**笔名**
四部小说以“某女士”为笔名出版。

《诺桑觉寺》和《劝导》在她去世后用她的本名出版

## 夏洛蒂·勃朗特

(1816—1855)

其他作品
青少年时期的作品

诗集（三姐妹的共同作品）

笔名
出版物署名为柯勒·贝尔

## 艾米莉·勃朗特

(1818—1848)

其他作品
青少年时期的作品

诗集（三姐妹的共同作品）

笔名
出版物署名为埃利斯·贝尔

## 安妮·勃朗特

(1820—1849)

其他作品
青少年时期的作品

诗集（三姐妹的共同作品）

笔名
出版物署名为阿克顿·贝尔

**总字数：1043451**

《简爱》 186418

《谢利》 204465

《维莱特》 192772

《教师》 87912

《呼啸山庄》 136604

《艾格尼丝·格雷》 67834

《怀尔德菲尔府上的房客》（又译《女房客》） 167446

# 作品：成年的奥斯丁

从1801年开始，奥斯丁在巴斯待了5年的时间。虽然她在之后的日子充分地利用了这5年的经历，但在巴斯期间，她的工作并没有什么起色。在她父亲去世后的一两年间，她和母亲以及姐姐卡桑德拉一直漂泊不定，直到搬到哥哥弗兰克提供给她们的乔顿的住所后，她们才过上了安逸稳定的生活。简的创造力正是在乔顿居住时期迸发出来的，她创作出的《理智与情感》于1811年印刷出版。她一定非常高兴在当时被称作为"文明的无赖"的明星出版商约翰·默里接受了她的作品《爱玛》。不幸的是，奥斯丁在经历了一段漫长的病痛后于1817年去世，病因至今不明。《诺桑觉寺》与《劝导》在她去世后不久以她的本名出版。

**1804**

简开始动笔写一部新的小说《沃森一家》，随后又放弃，这部作品成为了她的未完遗作。同年，她在莱姆里吉斯度过了大部分的暑期时光。

**1805**

简的父亲乔治去世，简和卡桑德拉搬到了巴斯的盖伊街居住。

**1806**

简、卡桑德拉和母亲一直在迁居——从曼尼顿庄园到巴斯，再搬到华威郡。最后她们搬到南安普顿和简的哥哥弗朗西斯·奥斯丁住在一起。

**1808**

弗朗西斯给他的妈妈和妹妹们提供了乔顿的房子作为永久住所。

**1809**

简质问本杰明·克罗比没有成功出版《苏珊夫人》的事情。本杰明·克罗比让她买回版权，但是简支付不起高昂的费用。

**1810**

托马斯·埃格顿同意了将《理智与情感》出版。

## 1811

《理智与情感》出版并得到好评。

## 1812

《初次印象》在修订后以110英镑的价格卖给托马斯·埃格顿。

## 1813

《初次印象》最终以《傲慢与偏见》为书名出版。同年，《傲慢与偏见》和《理智与情感》的第二版在年末出版。

## 1814

《曼斯菲尔德庄园》于5月出版，并且其第一版于10月售罄。

## 1815

简完成《爱玛》并且开始创作《埃利奥特》（《劝导》的前身）。同年，《爱玛》由伦敦备受尊敬的出版商约翰·默里出版；摄政王向奥斯丁表示希望她能把下一部作品献给自己。尽管奥斯丁内心非常的抗拒，但是她还是为摄政王撰写了《爱玛》前的献词。

## 1816

《苏珊夫人》的版权从本杰明·克罗比的手中夺回；书名从最初的《凯瑟琳》，最终出版为《诺桑觉寺》。同年，亨利·奥斯丁生意失败，简开始感到身体不适，但是她依旧投身于《埃利奥特》的创作中。

## 1817

简开始着手于《兄弟》的写作（之后以《桑迪顿》为名出版）。到了4月时，简的身体情况变得很差，她只能躺在床上，写下遗嘱。7月18日，简·奥斯丁去世了。她被安葬在了温彻斯特大教堂的北侧长廊中。同年，约翰·默里出版了《诺桑觉寺》与《劝导》。这是首次以她的本名出版的作品。

# 奥斯丁的“笔记本电脑”

简·奥斯丁不仅写小说，还与同时代的其他女性一样，有着丰富书信往来，所以她在写作上投入了大量的时间与精力。卡桑德拉·奥斯丁在奥斯丁去世后销毁了许多信件以及许多相关的物品。也许，在我们眼中所看到的温文尔雅的小说家在邻居与亲戚的眼中却意外的有着暴躁的脾气，而姐姐做的这些都是想要去维护妹妹的声誉。不过，她到底写了些什么呢？又是在什么上写的呢？

## 膝上桌

这种桌子小巧便捷，既可以存放书写材料，又能提供一个倾斜的表面来写字，在当时非常流行。

# 笔

虽然在奥斯丁写作期间金属笔尖就已经存在了，但它们要比羽毛笔贵得多。写作用的羽毛笔通常是用鹅毛做的。在当时的信件与日记中经常会有人抱怨自己的笔。

# 墨水

同样的，在家制作的墨水也更加便宜。如今，玛莎·劳埃德的墨水配方依旧保存完好，也许简就是用的这种方法。

4盎司的蓝色五倍子

2盎司的绿矾（硫酸亚铁）

1盎司的阿拉伯树胶

**“打碎五倍子。将树胶和绿矾（硫酸亚铁）击打研磨成灰浆状，倒入1品脱的陈啤酒和1品脱的淡啤酒。加入少许精制糖。一定要在烟囱的角落放上14天，期间需要每天摇晃两到三次。”**

**五倍子** 五倍子酸（也叫没食子酸），从橡树果实中采集

**绿矾** 硫酸亚铁

**淡啤酒** 淡的、稀释的啤酒，不同于高浓度或常规的啤酒。

# 纸

奥斯丁不仅将几张纸叠在一起制作出自己的迷你书，还从文具店买来四开大小的现成书来写作。在有钱人的圈子里，信札和笔记都会写在更雅致的纸张上——在《傲慢与偏见》中，奥斯丁嘲讽了宾格利小姐在一张“压制小巧的热压纸“上书写。这种纸完全由碎布纤维制成，并且在压平前加热——使表面更加光滑，利于书写。

# 一位外国的堂姐

“异国”在简·奥斯丁的书中不是很常见。与英国有着不共戴天之仇的法国在她的书中总共也就出现了三次而已，并且全部出自于一本书——《诺桑觉寺》。我们很容易得出她在一个小圈子中有着一个安全的社交圈这样的结论，所以说，当人们得知伊丽莎·德·弗亚德夫人（后成为她的嫂子）是她最喜欢的一个堂姐之一时，众人感到非常惊讶。

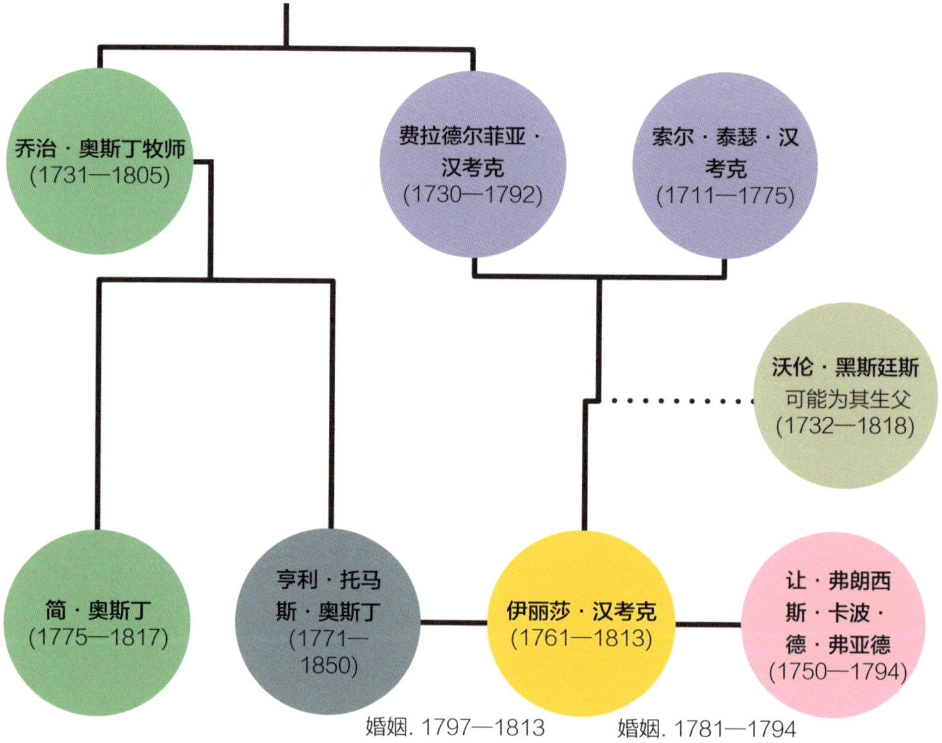


## 出生

## 1761

费拉德尔菲亚·汉考克在印度加尔各答生下伊丽莎。虽然有留言传闻她的生父其实是教父沃伦·黑斯廷斯，但是她还是冠以汉考克之姓。

## 1768

伊丽莎随母亲前往伦敦，并在那居住了数年。汉考克先生则留在了印度，最终于1775年去世。

据说，伊丽莎是简·奥斯丁创作《曼斯菲尔德庄园》里的玛丽·克劳福德的灵感来源，她迷人又具有魅力，但是品行却有待怀疑。

## 1778

寡居的费拉德尔菲亚带着她17岁的女儿伊丽莎前往巴黎，在那里，她们被上流社会所接纳并曾进入过凡尔赛宫。美丽而又活泼的伊丽莎成为了社交宠儿。

## 1781

伊丽莎嫁给了法国军官让·弗朗西斯·卡波·德·弗亚德。

## 1786

怀孕的伊丽莎拜访了居住于英国的奥斯丁家族的亲戚们。她在那里居住期间迷倒了年幼的奥斯丁们。她在上流社会的故事激发起了史蒂文顿越来越多的复杂戏剧故事。

## 1790

伊丽莎在法国大革命开始后回到英国。

## 1794

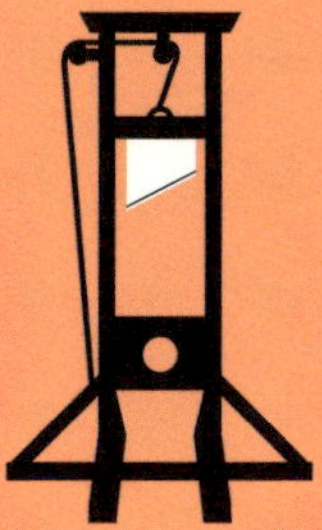

革命者们将德·弗亚德伯爵于巴黎送上断头台。

## 1797

在亨利坚持不懈的追求下，伊丽莎接受了比她小10岁的亨利·奥斯丁的求婚。

## 死亡

## 1813

亨利带简到伦敦和生病的嫂子住在一起。4月27日，伊丽莎去世了，简为之悼念。

# 简长什么样？

简·奥斯丁对自己的外表似乎并不关注。她比摄影术早了60年出生，所以我们只能通过卡桑德拉的小稿来辨认出她的样子。后来，简的侄女安娜·勒弗罗伊认为这幅小稿一点也不像，这与同时代许多对她样貌的描述一点也不贴切。那么。奥斯丁到底长什么样呢？以下就是从她朋友以及家人那里得到的一些线索，其中至少有几个基本信息是重合的。

“她又高又瘦，有着圆润的面庞、干净的古铜色肌肤以及明亮的浅褐色双眸。一头棕色卷发微微覆盖着前额……”

——爱德华·奥斯丁·利，侄子

“她美丽俊俏，纤瘦优雅，不过脸颊有些丰满。”

——埃杰顿·布里奇斯爵士，奥斯丁青年时期家庭的朋友

侄女们觉得简和卡桑德拉穿得像个老女仆，还取笑她们在年轻时候一直戴着的帽子：从她们来到乔顿的那一刻起，除了在伦敦时她的侄女们极力劝阻的时候，她总是戴着一顶帽子。

——爱德华·奥斯丁·利，侄子

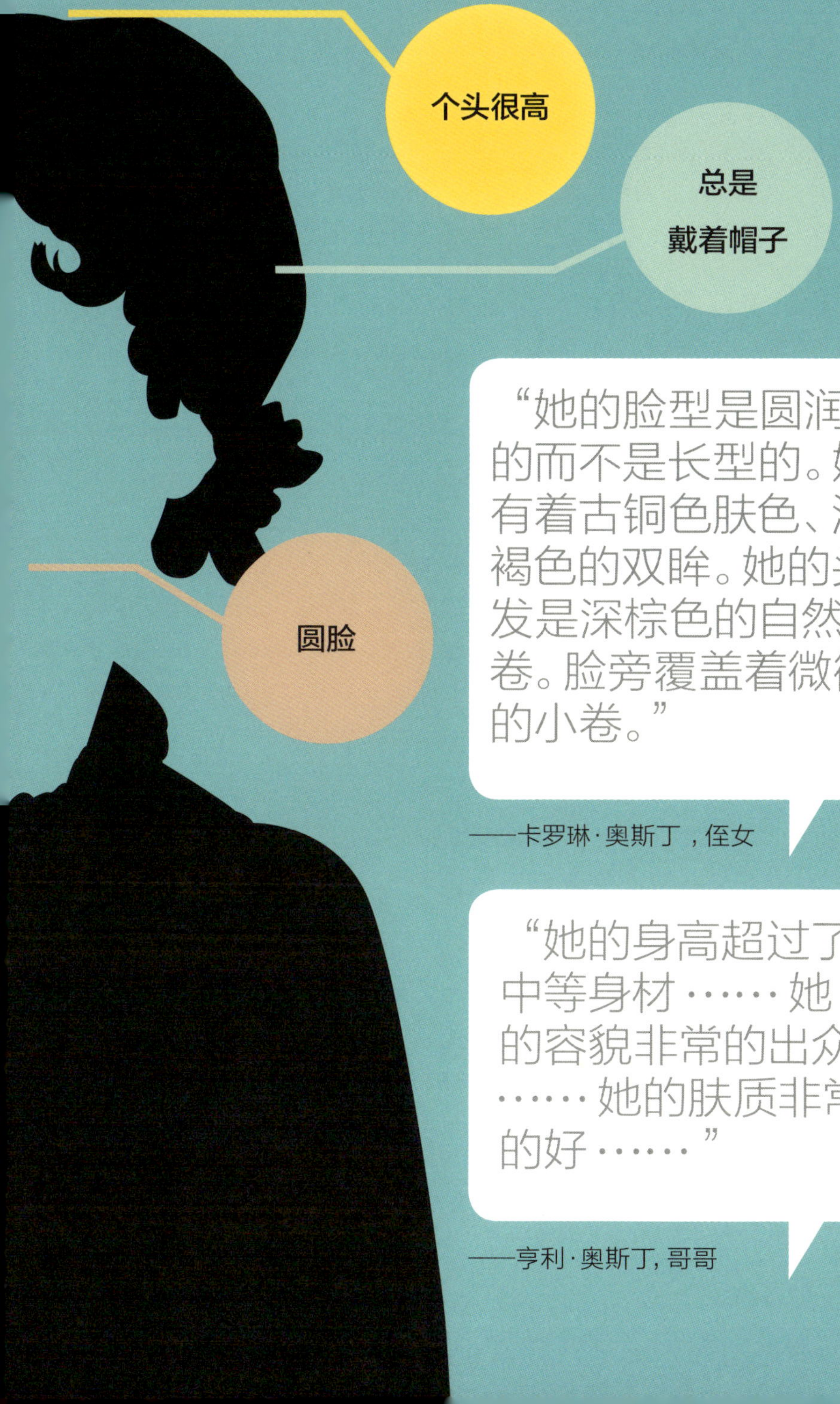


“她的脸型是圆润的而不是长型的。她有着古铜色肤色、浅褐色的双眸。她的头发是深棕色的自然卷。脸旁覆盖着微微的小卷。”

——卡罗琳·奥斯丁，侄女

“她的身高超过了中等身材……她的容貌非常的出众……她的肤质非常的好……”

——亨利·奥斯丁, 哥哥

# 简生了什么病?

长期以来，医生们一直在争论着到底是什么病夺走了奥斯丁年仅41岁的生命。1964年时，扎克里·蒲柏发表了一篇关于她健康状况的论文，试图确认她死于阿狄森氏病，但在2004年，昆士兰大学的安妮特·厄普法尔发表了一篇关于奥斯丁健康状况的新文章。这篇文章使简的病因有了不同的观点。

**简·奥斯丁在患病大约18个月时去世的。她的信件中记录了一些自己的症状。**

1816年9月8日

“我的后背疼了好几天……”

1816年12月16日

“我被迫谢绝了[受邀请的晚餐]，我的身体状况实在不允许我走那么多路了……”

1817年1月

“我越来越确信吐胆汁只是我遭受过的最简单的事了……”

1817年3月23日

“我现在好多了，面色也好了些，之前真的相当糟糕，面色苍白中泛黑，还有不该出现的颜色……”

1817年4月6日

“我一直在遭受着持续的发热以及胆病的发作……”

1817年5月22日

“疾病的来袭困扰了我…… 我曾感到最严重的……我最主要的痛苦来源于每一个发热的晚上、虚弱以及无力。”

1817年7月20日（卡桑德拉·奥斯丁）

“……她又一次昏了过去，拉夫先生（外科医生）用了一些东西使她放松到一个安定的、无意识状态……”

最初，在2004年时，她的病被诊断为霍奇金淋巴瘤，这是唯一能满足所有症状的病症。

| 症状 \ 病情 | 肺结核 | 胃癌 | 阿狄森氏病 | 霍奇金淋巴瘤 |
|---|---|---|---|---|
| 肤色变色 | | 3 | 3 | 3 |
| 昏厥 | | | | 3 |
| 后背疼痛 | | | | 3 |
| “胆汁病”（恶心呕吐） | 3 | | 3 | 3 |
| 疲倦（全身无力） | 3 | 3 | 3 | 3 |

# 安息之地

当奥尔顿的当地医生无法再医治她时，她前往温彻斯特咨询了外科医生拉夫先生。1817年7月18日，简·奥斯丁在温彻斯特学院街一间出租屋中去世。最终，她被安葬在了温彻斯特大教堂的内殿中。她的墓碑赞美了她的性格与智慧，却分毫未提及她的作品。

为了纪念简·奥斯丁，她是已故前任史蒂文顿牧师长乔治·奥斯丁最小的女儿。在经历了长期的病痛折磨后，伴随着基督徒们耐心与希望的支持，她于1817年7月18日去世了，享年41岁。她善良的心、温柔的脾气与非凡的禀赋吸引了所有认识她的人的注意，以及她最亲密的关系中最炙热的爱。爱之深、痛之切。他们知道他们的损失是无法弥补的，但在他们最深切的痛苦中，他们得到了一个坚定却谦卑的安慰，她的仁慈、忠诚、信仰和纯洁使得救世主接纳了她的灵魂。

简·奥斯丁

# 02
# 世界

# “我们谁也不想在风

# 浪静的日子里生活。”

——简·奥斯丁，《劝导》，1817年

# 战争中的世界

在简·奥斯丁在世的41年时间里，英国的战争持续了22年，但是大多数读者只能在她的作品中发现少许关于战争与冲突的蛛丝马迹。法国向来是英国的宿敌——1793年的革命战争与1815年的拿破仑战争中间仅隔了一小段时间。除此之外，在不同时期，英国还卷入了西班牙、俄罗斯和荷兰的战事中。

奥斯丁的两个兄弟，弗朗西斯和查尔斯服役于海军，所以她对于海军生活非常了解。《曼斯菲尔德庄园》一书中，在朴茨茅斯造船厂的场景以及《劝导》一书对各种各样的海军人物的描写就说明了她对于海军生活的熟悉。然而，她不太会谈论军人这个职业。在她的一生中，军团要么是一群由非职业士兵根据需求组成的民兵队，要么就是将军人作为一种职业的男人们组成的“正规”军。在《傲慢与偏见》一书中驻扎在麦里屯的就是一支民兵队，其中，乔治·韦克翰是一名民兵军官；相比之下，《诺桑觉寺》中的弗雷德里克·蒂尔尼就是正规军中的一员，虽然二者都喜欢玩弄别人的感情，但他们中只有一个是彻头彻尾的坏人。

## 在海上

**1792年各国相对海军实力**

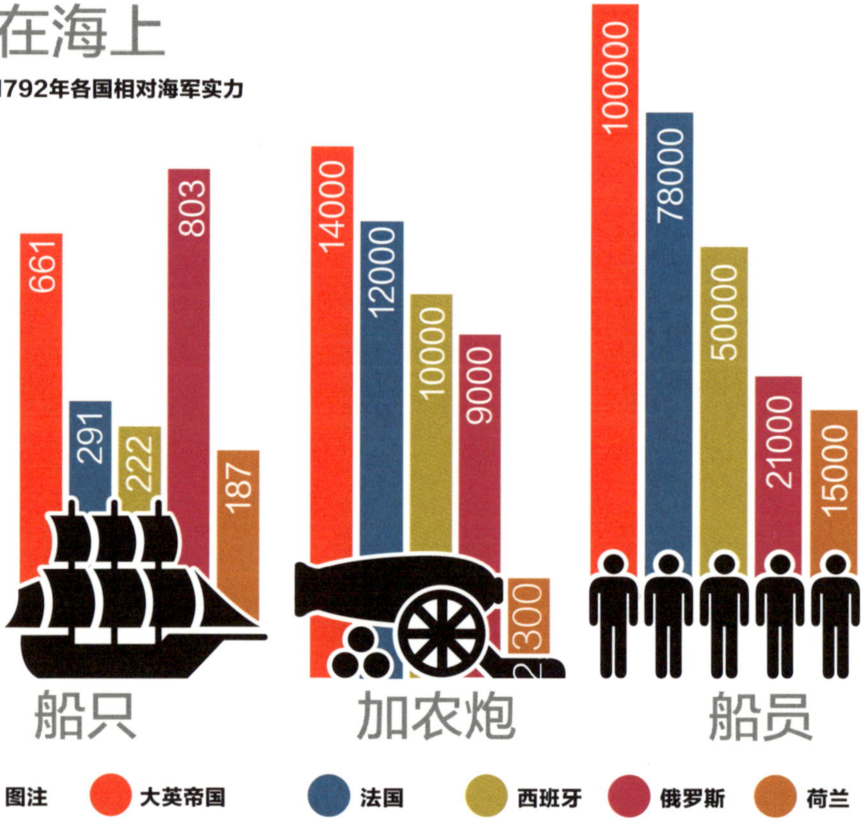

## 英国军队的人数：

## 拿破仑战争时期的英国步兵年龄：

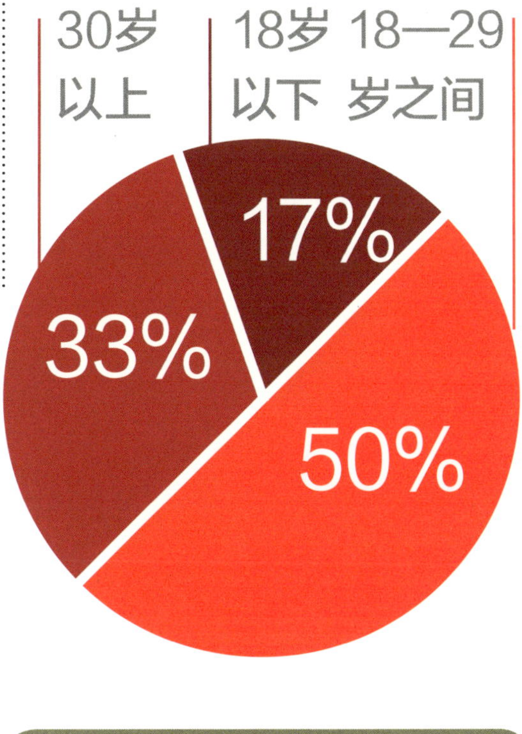


《傲慢与偏见》一书中，一件红色扣子的大衣就能彻彻底底地让年轻的班纳特姐妹们冲昏了头。萨尔曼·鲁西迪简洁地对此总结了一下：

“英国军队在简·奥斯丁小说中的作用就是在派对上看起来非常的迷人。”

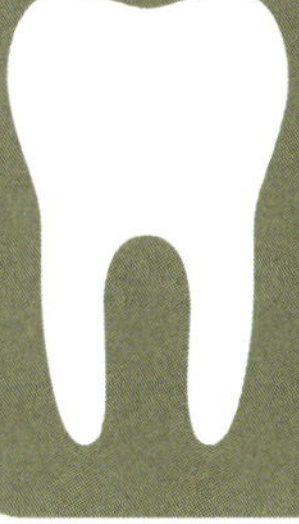

从死去的士兵嘴中拔下的牙齿受到了英国假牙界的欢迎。“滑铁卢之牙”就是这样被宣传的，这些牙齿有最好的品质，全部来源于年轻、健康的男性。

# 持有巨额的财富?

虽然有时会显得有些模糊，但是简·奥斯丁给她的女主人公们传达的信息是非常明确的：虽然为了金钱而结婚是不道德的，但是没有面包的爱情更是愚蠢的。在她书中，大多数女主人公，尤其是《傲慢与偏见》中的班纳特姐姐以及《理智与情感》中的达什伍德姐妹，在财政方面，最终都是以“灰姑娘”的身份嫁了个好人家，享受着有物质保障的未来。幸运的是，她们在追求财富的同时，也嫁给了她们所爱的人。然而，小人物们未必能得到同样的好运，有时她们因为追求财富所遭受的报应也是小说中必不可少的一部分。

在今天的条件下，价格之间对应的换算很难弄清楚。两个世纪以前，一些物品类似于食物、服装、交通要比现在贵很多，但是仆人和劳动力倒要比今天廉价得多。

## 1800—1820的年收入

15英镑-25英镑

**劳工**

（建筑工可能会有一间小村舍）

25英镑

**女家庭教师**

（工作提供住宿与用餐）

40英镑

**助理牧师**

（可能会提供住宿）

150英镑

**下层绅士**

500英镑

**中层绅士**

1200英镑

**上层绅士**

（足够买得起一辆四轮马车）

## 《理智与情感》

**埃丽诺·达什伍德**
**嫁给了**
**爱德华·费拉斯**

£££££

结婚前：
与她的母亲和妹妹生活在一起，家庭年收入约为500英镑。

£££££

结婚后：
当爱德华的母亲与他们关系缓和后，年收入变成了850英镑。

**玛丽安·达什伍德**
**嫁给了**
**布兰登上校**

£££££

结婚前：
与她的母亲和姐姐生活在一起，家庭年收入约为500英镑。

£££££

结婚后：
年收入变成了2000英镑。

**根据奥斯丁的一生来说，任何一笔超过2000英镑的金额都是一笔可观的年收入。**

## 《傲慢与偏见》

伊丽莎白·班纳特
嫁给了
费茨威廉·达西

结婚前：
在父亲去世以前年收入约为100英镑；去世后的总额约为1000英镑。

结婚后：
年收入变成了10，000英镑，拥有大量的资产，包括一处彭伯利的地产。

简·班纳特
嫁给了
查尔斯·宾格利

结婚前：
在父亲去世以前年收入约为100英镑；去世后的总额约为1000英镑。

结婚后：
年收入变成了5000英镑。

丽迪雅·班纳特
嫁给了
乔治·韦克翰

结婚前：
在父亲去世以前年收入约为100英镑；去世后的总额约为1000英镑。

结婚后：
年收入不详；达西将雷迪雅嫁给了乔治·韦克翰，帮他还清了债务，在英国陆军为他购买了少尉的官职，并且给了他一笔钱。

## 《诺桑觉寺》

凯瑟琳·莫兰
嫁给了
亨利·蒂尔尼

结婚前：
家庭收入不详；是一个舒适的乡绅10个孩子中的一个，所以预期不高，可能是3000英镑。

结婚后：
对方是教区的牧师长，可能会继承他父亲的财富，小康阶层；收入不详。

## 《爱玛》

艾玛·伍德豪斯
嫁给了
乔治·奈特利

结婚前：
继承了30000英镑。

结婚后：
收入不详，对方是一位乡绅、农场主、当维尔寺的拥有者，拥有一大片相当大的土地、四轮马车以及许多匹马。

简·费尔法克斯
嫁给了
弗兰克·丘吉尔

结婚前：
无收入，是一名受到赡养的孤儿，后成为家庭教师。

结婚后：
年收入未知；对方是一位绅士，从他富有的姑妈那里继承了可观的遗产。

# 一场舞会

## 穿什么？

女士：穿上她们最好的白色衣服以及饰品，梳着精致的头发，佩戴着发饰。

男士：从1810年开始，通常着及膝马裤搭配黑色长袜。

舞会，无论是作为一场私人聚会还是公开活动，都是简·奥斯丁每部小说中的特色。小说中舞会的出现并不奇怪，因为跳舞是乡村和城市生活中一个主要的社会娱乐形式。跳舞是结识新朋友的一种方法，而且，也是唯一一个可以让不熟悉的年轻男女进行肢体接触的机会：在舞会上擦出浪漫的火花。私人舞会一般只有受邀者参加，但是公开舞会允许每一个人购票进入。在城外举办一场舞会的时间取决于诸多因素，不是所有因素都非常容易让人理解：比如，私人舞会通常在满月时举办，因为主办方要确保客人们在晚上回家时可以走在一条照明良好的道路上。

## 抵达……

### 怎么过去

你不用走过去！在乡下通常乘坐马车，在城里一般会使用马车或者轿子。

## 跳舞…

### 跳什么舞？

· 每一支舞大约持续半小时，舞伴之间通常会一起跳上一支双人舞。

· 你只能和正式介绍过的人跳舞。

· 如果你不想和某个舞伴跳舞，你唯一可行的借口就是你很累，或者你已经答应另一个舞伴了。

**华尔兹：从1810年开始引入上流社会，但是引入的这几年间都没流传到非精英阶层。**

圆圈舞：一种圆舞，围成一个圆圈跳。

乡村舞：在长长的队伍中翩翩起舞。每一对舞伴都会从队尾跳到队首。

沙龙舞：四对舞伴呈方块队形。

**小步舞：在19世纪已经过时了，但仍然用做舞伴之间的舞会开场舞。**

## 晚餐……吃什么？

晚餐是坐席自助餐，供应了各种各样的食物。

冷盘和馅饼

热炖蔬菜与家禽或小牛肉

“白色浓汤”：包含了杏仁与鸡肉或是小牛肉

冷鱼肉

果冻、冰淇淋、奶油果泥、海绵蛋糕、饼干

饮品：红酒、潘趣酒或尼格斯酒（热的、加糖加水的红酒）

## 舞会持续多久？

通常取决于蜡烛。蜡烛备有4小时的、6小时的甚至是更长时间的。私人住所可能会将蜡烛替换为一个漫长的傍晚；但是在公共舞会中，蜡烛燃尽标志着舞会的结束。

# 谁开了什么车？

看看摄政王时代令人疲惫而且困难的交通系统，人们一有机会就出行的举动是令人惊讶的——奥斯丁经常忙于去拜访她的朋友和亲戚。路况也通常非常的差；达西先生最著名的话莫过于“只要道路方便，50英里算远吗”？这句话隐隐透露出一丝优越感——他可以负担得起拥有最轻松的旅途的所有马匹和马车。从奥斯丁的小说和信件中我们可以看出，在那个时代马车和如今的汽车一样经常会被挂在嘴边。所以，在英国摄政王时代，哪一种马车最能装人？哪一种竞速能力最强呢？

## 四轮大型马车

传统的封闭式马车；通常用在城镇里，可以避免一些灰尘以及气味。

**拥有者：《傲慢与偏见》一书中的班纳特一家，《劝导》中默斯格罗夫一家。**

马匹：4-6/乘客：4-6

## 18世纪的四轮轻马车

拥有一个车厢以及一个驾驶员的封闭车厢。

**拥有者：《曼斯菲尔德庄园》中的拉什沃思夫人。**

马匹：2-4/乘客：3

## 有篷轻马车

封闭式马车，比四轮大型马车小很多。

**拥有者：《傲慢与偏见》中的宾格利先生、凯瑟琳·德·包尔夫人、加德纳先生，《理智与情感》中的詹宁夫人，《曼斯菲尔德庄园》中的伯特伦夫人。**

马匹：2-4/乘客：3

## 布鲁厄姆有盖马车

非常能装！

重型敞篷四轮马车，大多应用于城镇。

**拥有者：《曼斯菲尔德庄园》中的亨利·克劳福特，《劝导》中的达尔林普尔夫人。**

马匹：4/乘客：5

## 带篷四轮马车

有活动顶篷！

轻式四轮软篷马车。

**奥斯丁的小说中无人拥有。**

马匹：2-4/乘客：4

## 轻快四轮马车

一种可以进行休闲驾驶的流行轻型，低边四轮马车。

**拥有者：《傲慢与偏见》中德·包尔小姐；加德纳夫人设想：伊丽莎白在和达西先生结婚后会想要一辆这样的四轮马车。**

马匹：2/乘客：1

## 两轮轻便马车

一种轻便、快速的双轮马车。用来竞技休闲驾驶。

**拥有者：《理智与情感》中的约翰·威洛比；《诺桑觉寺》中的亨利·蒂尔尼；《傲慢与偏见》中的达西先生；《劝导》中的沃尔特·埃利奥特。**

像保时捷一样！

马匹：1/乘客：1

## 带篷四轮小马车

时尚女人的必备马车；方便驾驶，由小马牵引。

**拥有者：《劝导》中，结婚后的安妮·埃利奥特。**

马匹：2/乘客：2

在今天会被称为迷你车

## 两轮单马车

一种普通单匹马马车，轻便到女士可以独自驾驶，比两轮轻便马车便宜。

**拥有者：《劝导》中的海军上将克罗夫特，《傲慢与偏见》中的柯林斯先生。**

马匹：1/乘客：1

# 午餐是给弱者吃的

用现代人的思路去看简·奥斯丁小说中谁吃了什么、在什么时候吃的是一件很容易困惑的事情。工人阶级的进餐通常匹配于他们的工作时间以及吃他们能够负担的食材。中产阶级和贵族们吃得比较晚——社会声望越高，吃饭时间越晚。早餐通常在晨练之后吃，正餐通常在下午早些时候吃。“茶”可能也会包含食物。上流社会家庭的晚餐会提供得非常晚。伍德福德牧师是诺福克教区的牧师，他从18世纪70年代中叶到1803年去世前这段时间一直在写日记，这些日记详细记录了他的餐食，让我们了解了18世纪晚期餐桌上的各种食物，甚至包含了收入相对中等的家庭餐饮。

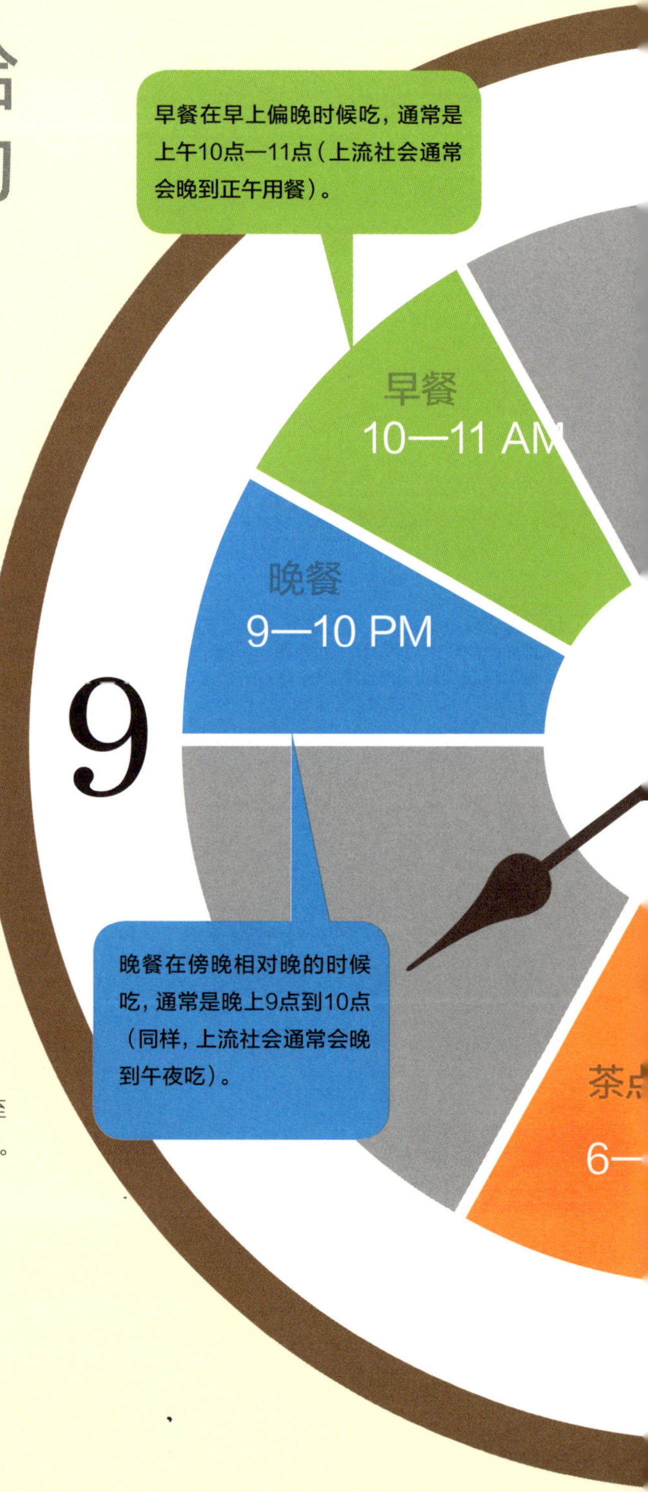

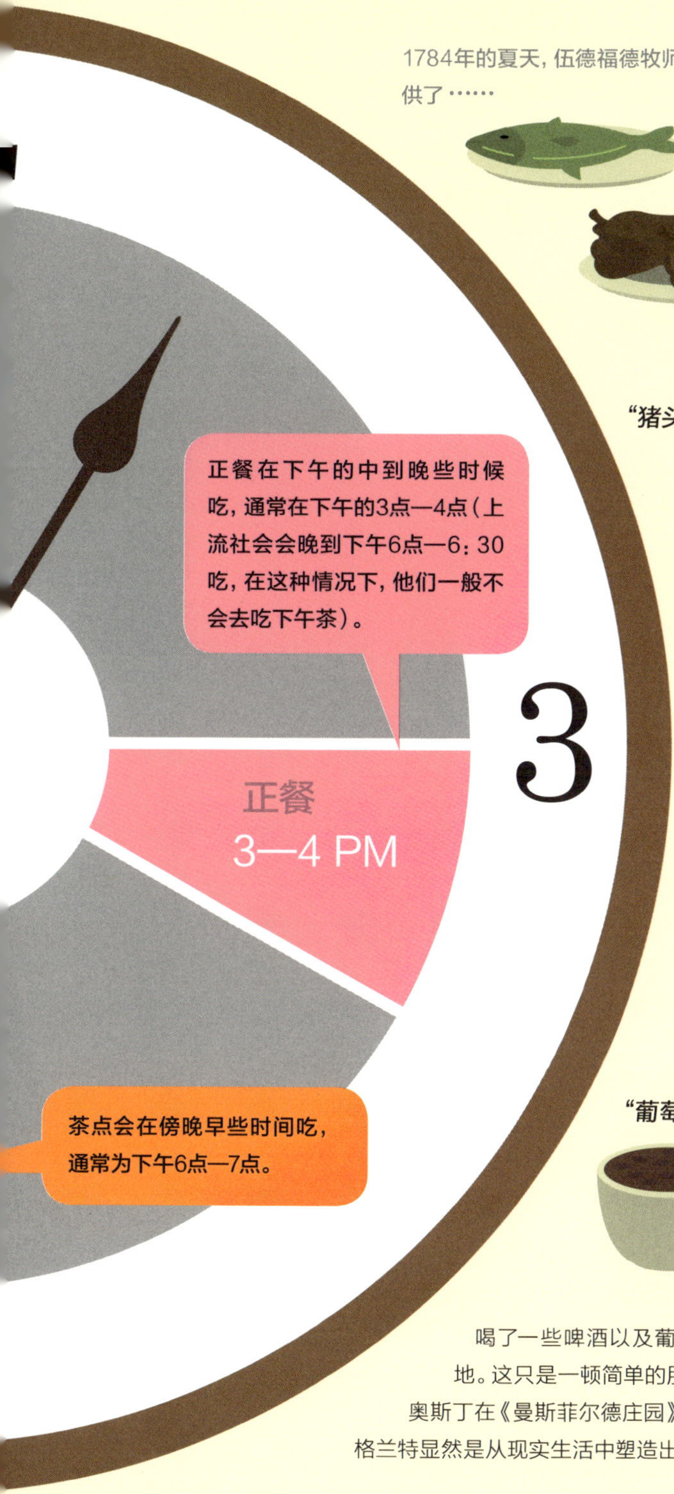


1784年的夏天，伍德福德牧师请朋友们共进正餐，并且提供了……

喝了一些啤酒以及葡萄酒，之后又喝了一点白兰地。这只是一顿简单的朋友聚餐，而不是一顿盛宴。奥斯丁在《曼斯菲尔德庄园》中所描绘的贪吃成性的牧师格兰特显然是从现实生活中塑造出来的。

# 畅销书

从当今销量数百万的畅销书角度来看，在简·奥斯丁那个时代的出版物数量几乎是微不足道的。在她在世期间，一共出版了四本书——很大程度上要归功于她哥哥亨利的努力——但是只有《爱玛》在1815年时吸引了当时非常有名望的出版商约翰·默里的注意。

默里是与众不同的——他既是一位出版商的儿子，多是约翰·默里本人。他比同时代的其他任何书商以及出版商更具有冒险精神。没有人知道他为什么押注在简·奥斯丁身上。她的书虽然卖得很好，但是并不被之前的出版商托马斯·埃格顿所看好，其实，是默里周刊《评论季刊》的编辑威廉·吉福德在1814年将奥斯丁推荐给默里。简本人则是用一种直白高效率的方式与默里沟通。

**怎样在19世纪的前10年到20年内变成畅销书？**

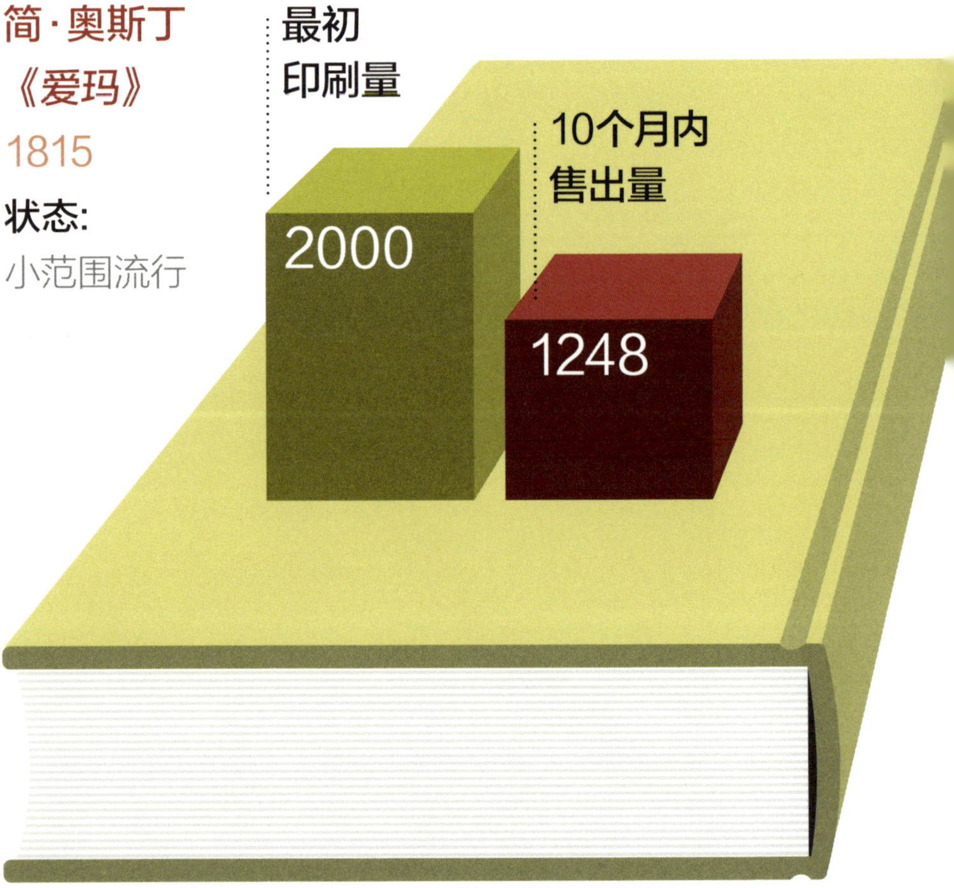

## 拜伦·恰尔德《公子哈罗德的朝圣之旅》

1812

**状态:**

这本书和这位24岁的贵族作家在伦敦轰动一时。

当拜伦“醒来发现自己变得出名”时，简意识到自己的天赋需要更多的时间去取得读者的认同，于是，她在出版前无法避免地焦虑了起来：

> “那些偏爱《傲慢与偏见》的读者显得不够聪明，那些偏爱《曼斯菲尔德庄园》的读者显得不够理智。这种想法使我非常困扰。”
>
> ——来自写给约翰·默里的信，1815年12月11日

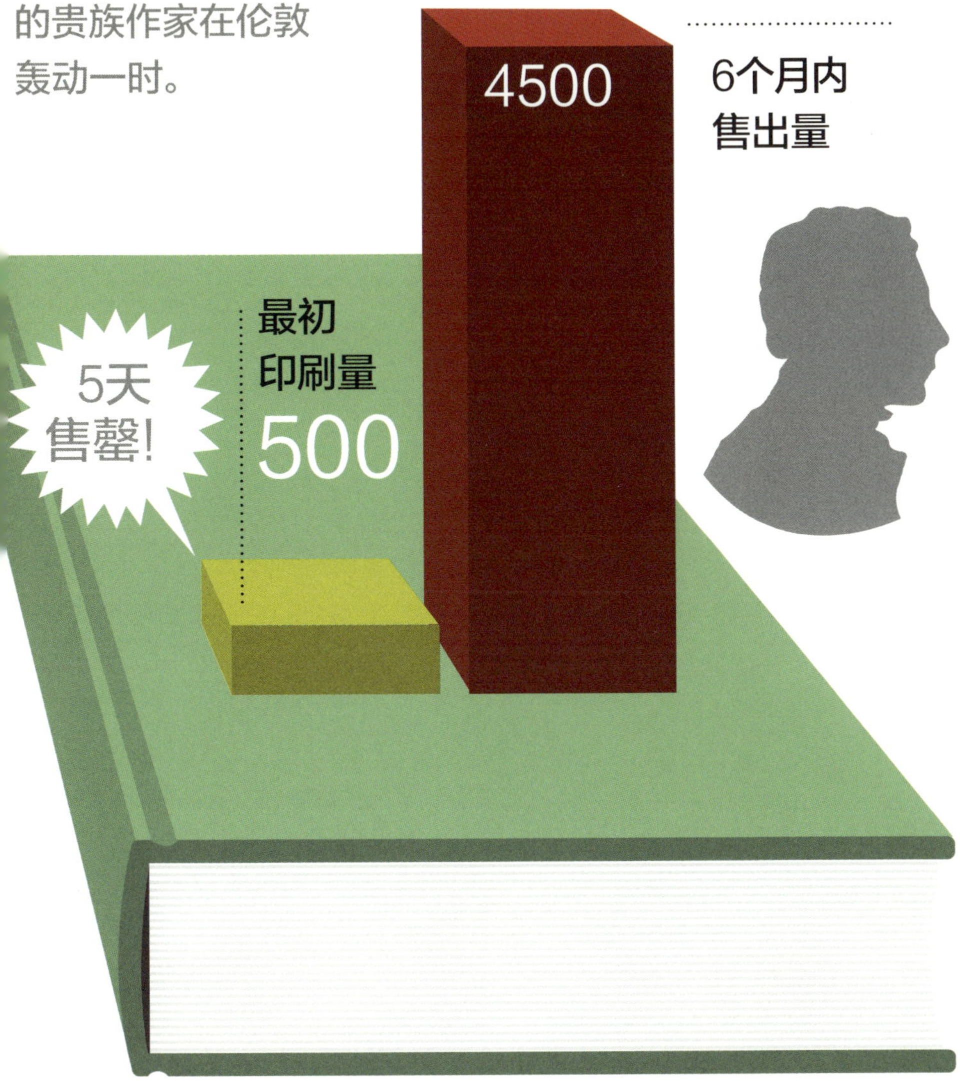

**夸德利尔牌戏**

一个正式的技术型游戏

★★★★

**投机牌戏**

一种简单的赌博游戏

★★

《曼斯菲尔德庄园》里的伯特伦夫人认为这个游戏很难并且体现了她的愚笨。

★ 难度

参与人数

# 纸牌游戏

在简·奥斯丁书中，几乎所有的人物角色都玩纸牌。在18世纪晚期到19世纪初期这段时间，牌桌的存在如同当今社会中电视机的存在一样普遍。对不同种类游戏的偏好通常暗示着不同的人物角色性格，但是这些家庭游戏的目的不是为了赢钱，而只是一种简单的娱乐方式。在《傲慢与偏见》一书中，经常会提到晚上玩的纸牌游戏。具有代表性的如丽迪雅喜欢玩彩票，而内瑟菲尔德的上流社会圈更青睐于卢牌戏。然而没人把这些游戏当做赌博，只是单纯的娱乐活动而已。换句话说，当韦克翰被揭露出是个老练的赌徒而且是一个无用之人时， 简·班纳特表示很吃惊：“ 一个赌徒？！ 太出乎意料了，我完全没有想到。”

在奥斯丁描绘的家庭纸牌游戏中，经常提到用来当作筹码的一种像“鱼“一样的贝壳计数工具，就像如今的扑克筹码一样。这些计数工具是从中国进口的，通常被做成鱼的形状。

**卢牌戏**

一种带有很多变化的圆桌游戏

★★★

**惠斯特牌戏**

类似桥牌，是一种团队游戏

★★★

**皮克牌**

一个经典的技巧型的纸牌游戏

★★★

**彩票游戏**

一个纯靠运气的游戏

★

简·奥斯丁

# 03

# 作品

“那个年轻的女人有描述……以及普通生活方面的天赋……这是我所遇到的描写最为精彩的作者。我对此佩服得五体投地；这些精细的描写使普通平凡的事务以及人物活灵活现……而我却不能写出如此精美的文章。”

——沃尔特·司各特，日记，1826年3月14日

# 位置，位置，位置

除了一些少量的粗略参考（比如在《曼斯菲尔德庄园》的结局中，“茱莉亚·伯特伦突然和耶茨去了苏格兰”），奥斯丁的小说中的人物们通常稳定地居住于英国南部以及西南部相对很小的地区中。这些男人和女人们的居住地和同时代的哥特式小说中的男女英雄们是截然相反的。哥特小说中的男人女人们总是被带到一些描写得非常夸张的但是没有明确定位的目的地——可能是西西里岛，也可能是阿尔卑斯山脉。奥斯丁坚持只写她知道的地方，不仅仅局限于社交圈，还会描绘一些角色周围的地形风景，向北最远的探索就是德比郡了（在《傲慢与偏见》中）。这张地图展示了全部6本小说中虚构的位置和现实位置之间的联系。

**图注**

**虚构的地点**

- ***《理智与情感》***
- ***《傲慢与偏见》***
- ***《诺桑觉寺》***
- ***《曼斯菲尔德庄园》***
- ***《爱玛》***
- ***《劝导》***
- **简·奥斯丁书中的现实地点**

彭伯利
德比郡
埃弗林厄姆
索瑟顿
莱辛比
曼斯菲尔德庄园
诺福克
桑顿莱西
麦里屯，朗伯恩
诺桑觉寺
布罗克汉姆
内瑟菲尔德庄园
南安普顿郡
剑桥郡
萨福克
华威郡
哈特菲尔德
伦敦
布伦海姆
埃塞克斯
牛津
布罗姆利
格洛斯特郡
牛津郡
赫特福德郡
温莎
韦斯特汉姆
伍德斯顿
米德尔塞克斯
伯克郡
威尔特郡
萨里
肯特
克利夫兰
马尔堡
汉福德
富勒顿
罗新斯花园
康布麦格纳
苏塞克斯
汉普郡
海伯里
哈特菲尔德
当维尔寺
多赛特
达特福德
布莱顿
德拉福德
怀特岛
韦茅斯
诺兰庄园

# 大器晚成的人

简·奥斯丁从小开始写作，但她的第一本书直到她35岁才出版。很少有作者像拜伦一样幸运，“醒来就发现他们自己变得很出名”。更多的人是要经过一段长期学习过程。奥斯丁一开始并没有足够好的运气去遇到好的出版商。她的父亲首次尝试将她的书——《初次印象》（后来命名为《傲慢与偏见》）——寄给曾出版过范妮·伯尼小说的出版商托马斯·卡德尔，然而被拒绝了，这本书又原封不动地被寄了回来。同时，另一位出版商本杰明·克罗比同意将《苏珊夫人》出版（后成为《诺桑觉寺》），但是出版的计划却被搁置了多年后取消了，直到奥斯丁在去世的前一年，她才有能力买回了版权。

**奥斯丁是如何被拿来与其他作家做比较的？**
**以下是他们取得重大成就时的年龄，他们的成就不一定是他们出版的第一本书。根据条形图所示，奥斯丁35岁时出版她的第一本书并取得成功这件事情一点也不奇怪。**

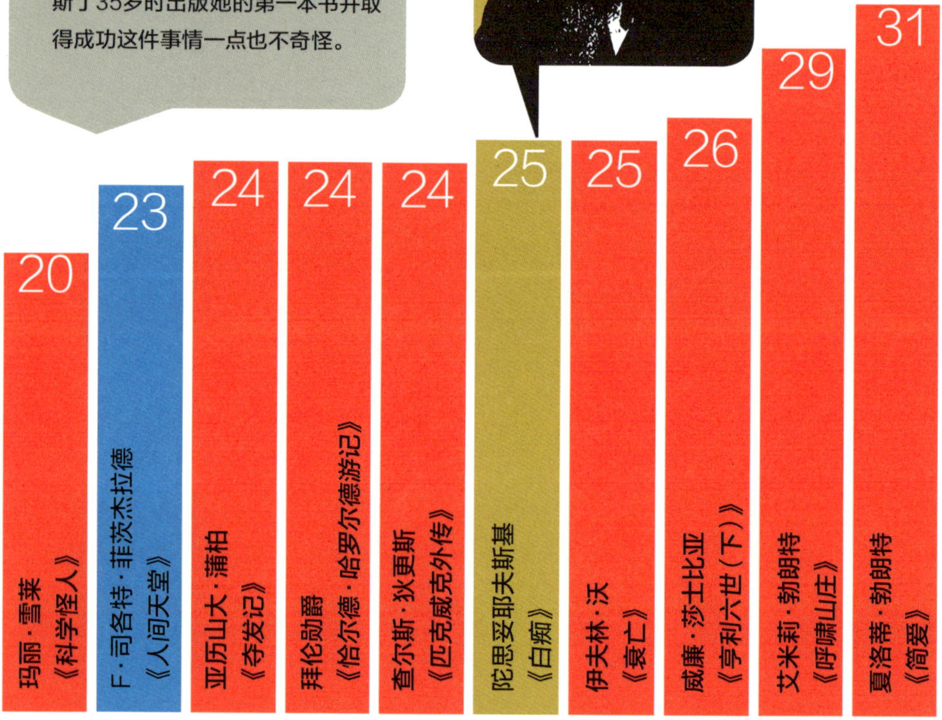

图注 英国人 美国人 俄罗斯人 爱尔兰人
32 詹姆斯·乔伊斯《都柏林人》
35 简·奥斯丁《理智与情感》
35 杰克·凯鲁亚克《在路上》
35 奥斯卡·王尔德《道林·格雷的画像》
36 沃尔特·惠特曼《草叶集》
38 伊丽莎白·盖斯凯尔《玛丽·巴顿》
40 安东尼·特罗洛普《沃尔登》
40 乔治·埃利奥特《亚当·贝德》
50 布莱姆·斯托克《德古拉》
51 雷蒙德·钱德勒《夜长梦多》

# 以吻封缄

奥斯丁的小说中写了多少吻？
那些将奥斯丁视为最伟大的浪漫主义作家之一的人们经常尝试去数数那些吻。然而，所有人都得出了这样的结论：在她的任何一本书中，恋人之间都没有接吻过。不过也有些差点发生的，但实际上，接吻有许多不同的意义，可以是兄弟姐妹间的亲情，或是朋友之间尊敬或感激的表现。这里是一些统计结果（对于孩子有部分删减）以及一些充满感情的动人时刻，这些毫无疑问的比一些纯粹的接吻更加的有意义。

## 《理智与情感》

- ♥ 威洛比亲吻了玛丽安给他的一缕头发。
- X 为了安慰被威洛比否认关系的玛丽安，埃丽诺亲吻了她。
- X 当埃丽诺听完了布兰登上校对于威洛比不公的控诉后，布兰登上校亲吻了埃丽诺的手。
- X 为了感谢埃丽诺对她的支持，玛丽安亲吻了埃丽诺。

## 《傲慢与偏见》

- X 当伊丽莎白揭露了韦克翰全部的过往时，他悲伤地亲吻了她的手（尽管他不知道该看向哪里）。
- X 当简的父亲恭喜她和宾格利先生订婚时，简亲吻了父亲。

### ♥ 浓情时刻：

夏洛蒂·柯林斯注意到，只要达西先生与伊丽莎白共处一室时，达西先生的目光就无法从伊丽莎白身上挪开。

## 《爱玛》

- 哈丽特亲吻了爱玛的手（为了表达感谢）。
- 当弗兰克·丘吉尔宣布他的订婚时，韦斯顿太太亲吻了爱玛（她松了一口气，爱玛并没有爱上弗兰克·丘吉尔）。

### 浓情时刻：

在乔治·奈特利公开宣布与爱玛的关系不久前，他拉起她的手握了握，而不是亲吻。这是爱玛头一次对奈特利先生有了身体接触的体验。

## 《曼斯菲尔德庄园》

- 托马斯·伯特伦爵士亲吻了范妮。
- 威廉·普莱斯亲吻了范妮两次。
- 范妮亲吻了托马斯·伯特伦爵士的手（她让伯特伦 不开心了）。
- 普莱斯太太亲吻了范妮。
- 范妮亲吻了汤姆和查尔斯·普莱斯（她的哥哥们）。

### 浓情时刻：

亨利·克劳福德 和玛丽亚·伯特伦在排练“情人的誓言”的时候，克制自己不要拥抱。

## 《诺桑觉寺》和《劝导》

这两本书都没有任何关于吻的记录，除非算上《劝导》中年长的老阿奇博尔德爵士在开车路过时为了向安妮致意而亲吻了自己的手。

### 浓情时刻：

然而，在奥斯丁的所有作品中，《劝导》很可能拥有最热情的片段：温特沃斯上尉给安妮写的情书。

# 圣职

简·奥斯丁知道许多教堂的生活琐事——不仅她的父亲是一位牧师，她的哥哥詹姆斯也是，还有她最喜欢的哥哥亨利，也在广泛的职业中选择成为了一个牧师。在她那个年代，牧师是教会中一个职业——不过，一个人不是必须有一个特定的职业才能加入教会，而且牧师这个职业对于乡绅家庭的儿子们，尤其是那些可以为孩子们提供一个教区或优渥生活的家庭来说，是一个非常受欢迎的选择。富有的牧师可能会管理两到三个教区，他们可以通过征收什一税（宗教捐税）获得一笔可观的收入。

在简·奥斯丁的6本小说中，她总共塑造了12位牧师——包括那些还没有被任命的牧师，像《曼斯菲尔德庄园》中的埃德蒙·伯特伦或《劝导》中谢利牧师的助理牧师查尔斯·海特。奥斯丁确保他们的形象同其他的社会阶层一样多样化，从自负、对社会地位有野心的埃尔顿，贪吃的格兰特到聪明的亨利·蒂尔尼和无疑是书中塑造出的最可笑又糟透的人物形象之一的柯林斯先生。

**含有牧师的小说：**

***《理智与情感》***
爱德华·费拉斯

***《傲慢与偏见》***
柯林斯先生

***《诺桑觉寺》***
亨利·蒂尔尼、莫兰先生
和詹姆斯·莫兰

***《曼斯菲尔德庄园》***
埃德蒙·伯特伦、诺里斯先生，
格兰特牧师

***《爱玛》***
埃尔顿先生

***《劝导》***
查尔斯·海特、谢利牧师、温特沃斯先生

**除非出生在一个富裕的家庭，否则在教会工作并不是一个很容易赚钱的职业——对于助理牧师来说，可能赚得更少。**

## 100英镑—1000英镑

牧师的年收入范围

## 50%

**在19世纪初，英国50%的教区来自于地主的私人捐赠。**

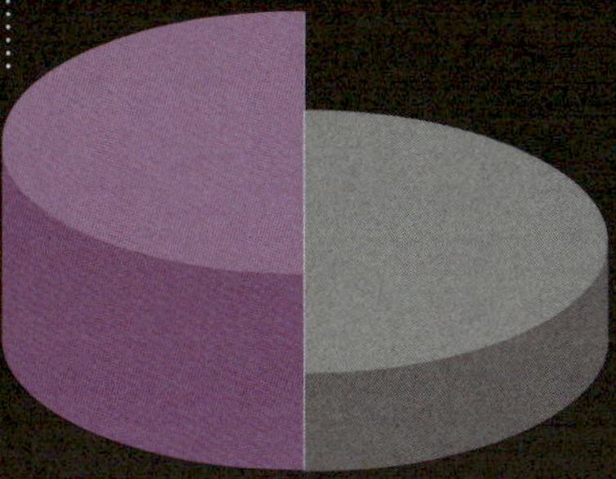

## 50英镑

牧师给助理牧师的最低年收入，但很多助理牧师得到的收入远低于此。

## 3000英镑

在19世纪初，英国有3000个教区不给牧师提供住处。

## 2000英镑

在19世纪初，英国有2000个教区提供了并不适合居住的住宅。

在《曼斯菲尔德庄园》一书中，由于对格兰特牧师的习惯有着非常严重的偏见，光鲜亮丽的玛丽·克劳福德非常严苛地解雇了她那懒惰、贪婪的姐夫：

“一个牧师除了懒散和自私就没什么事了——读读报纸，看看天气，跟妻子吵吵架。他的助理牧师负责完成所有的工作，而他的一生中就知道吃”

**她这个说法无疑是搬起石头砸自己的脚，因为她迅速地与即将成为牧师的埃德蒙·伯特伦坠入了爱河。**

# 恐怖小说

当简·奥斯丁在《诺桑觉寺》中讽刺哥特小说的热潮时，她很清楚自己在说些什么。那些小说并没有被高尚的以及见多识广的人群所追捧，但是却非常的流行。在19世纪早期，大多数人都从流通图书馆中租借书籍（一本全新的小说，通常会分为三卷，这要花费一个技术熟练的工人大约3天或4天的工资，但是如果你每年支付大约2基尼的年费加入图书馆的话，你每次就能租借两本书并且省下一大笔钱）。在1801年的英国，大约有1000个这样的图书馆——你去那里不仅可以租借到你想看的新书，而且可以将那里当成一个时尚的参观地。

**10 《诺桑觉寺》中提到的真实存在的小说：**

## 哥特元素

让人倒吸一口冷气的小说《奥多芙的神秘》中存在着许多“恐怖的”哥特元素，一一列举在此。共有四卷，按照现代的标准来说，读起来冗长而且浮夸。

- **“敏感”（情绪失控）的女英雄，艾米莉·圣·奥伯特**
- **神秘的黑色面罩**
- **幽暗的古堡（奥多芙）**
- **被强迫到访威尼斯**
- **对艾米莉的追求者瓦兰考特的意外枪击。**
- **神秘身份的修女**
- **腐烂尸体的蜡模**
- **隐藏在深山的土匪**

# 在仆人面前：

仆人们在简·奥斯丁的作品中没有太多的发言权，但出场率却非常之高。不管有没有名字，他们扮演着许多的角色。他们的存在可能会让主人们无法按照自己的意愿去行事（比如爱玛不得不在等待着自己头发变卷的时候打发走了女仆，因为埃尔顿先生的行为让她感到非常的苦恼）；给予一个活动一些侧面描写（在《曼斯菲尔德庄园》中，我们可以通过五个仆人的无所事事，以及对于业余戏剧的绘景师的不满看出家族规模的庞大），或者表达一家人的地位（比如在

《曼斯菲尔德庄园》一书中描写的邋遢的丽贝卡(是住在朴茨茅斯穷困的普莱斯家中的两个仆人之一)。

仆人们还能窜动丑闻的传播——丽迪雅·班纳特的私奔与玛利亚·拉什沃思的丑事都是仆人间的八卦题材，更糟糕的是，他们很可能以此来勒索。

所以，谁拥有哪个仆人，有多少个？

**《爱玛》**

厨师　塞勒，哈特菲尔德
马车夫　詹姆斯，哈特菲尔德
女管家　霍奇斯太太，当维尔寺
杂佣　帕蒂，贝茨太太与贝茨小姐的家

**《曼斯菲尔德庄园》**

女管家　惠特克太太，索瑟顿
男管家　巴德利，曼斯菲尔德庄园
马车夫　威尔科特斯，曼斯菲尔德庄园
贴身女仆　查普曼，曼斯菲尔德庄园
杂佣　丽贝卡，朴茨茅斯普莱斯家

**《傲慢与偏见》**

女管家　希尔太太，朗伯恩
女管家　雷诺兹太太，彭伯利

**《劝导》**

保姆　杰迈玛，阿普克劳斯
园丁　麦肯齐，凯林奇

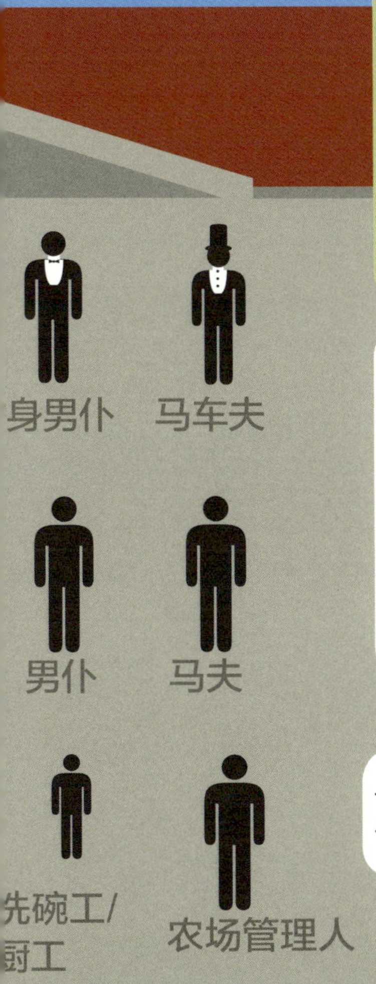


## 穷人家的仆人

如果你出生在中产家庭，除非过得非常的落魄才会雇不起仆人。即使是《爱玛》中非常穷困的贝茨太太与贝茨小姐家也有着包揽各项家务活的仆人帕蒂。《理智与情感》中的达什伍德太太在陷入财政危机后依旧雇佣了两个女仆和一个男仆。只有一次，在《劝导》中我们看到了有一位女士因为太穷而雇不起任何的仆人。

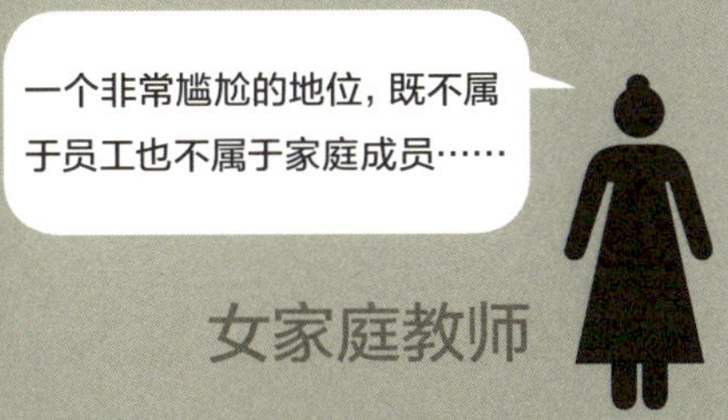

# “昨晚又是一个乏味的聚会

简·奥斯丁对于巴斯的复杂情感是有明确记载的——在家族的传说故事中记录了：当奥斯丁听说要搬家的时候，她晕了过去，而且她经常写信给卡桑德拉抱怨那些“愚蠢的聚会”。她在巴斯居住了将近5年时间，其中前4年待在了悉尼街，之后在1804年搬去了格林公园，最后，在1806年马上要离开巴斯之前，她暂时居住在了盖伊街25号。这段时期是她写作经历中的停滞期，但是在《诺桑觉寺》和《劝导》中都大量提及了巴斯这个地方——在《诺桑觉寺》中是通过热情而又天真的凯瑟琳·莫兰描写了巴斯。在《劝导》中，是通过悲伤以及疲惫的安妮·埃利奥特来描述巴斯城的。

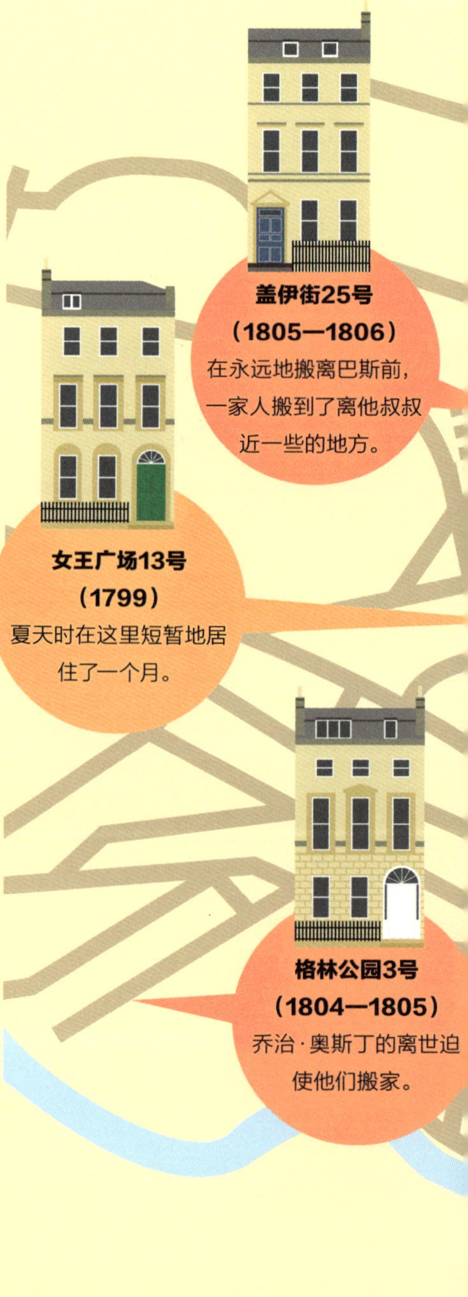


## 为什么不选巴斯？

**安妮·埃利奥特一家讨论了三个选择：伦敦、巴斯或者乡下的另外一所住宅：**

**“安妮满心希望选择后者。她不喜欢巴斯，而且觉得那地方不合她的胃口，可她偏偏得住到巴斯。”**

## 寻找丈夫？

**奥斯丁的传记作者——克莱尔·托玛琳，认为简不喜欢巴斯的原因是因她怀疑父母搬家的目的是让她和卡桑德拉找到丈夫。如果真的是这样的话，那么这些希望显然都是徒劳的。**

…”

上集会厅
百老汇街
米尔森街
埃文河
悉尼广场4号
（1801—1804）
随着租期的延长，奥斯丁家族搬去了更便宜的地方。
大普尔特尼街
劳拉广场
皇家剧院
契普街
下集会厅
北帕拉德
水泵房
老皇家剧院

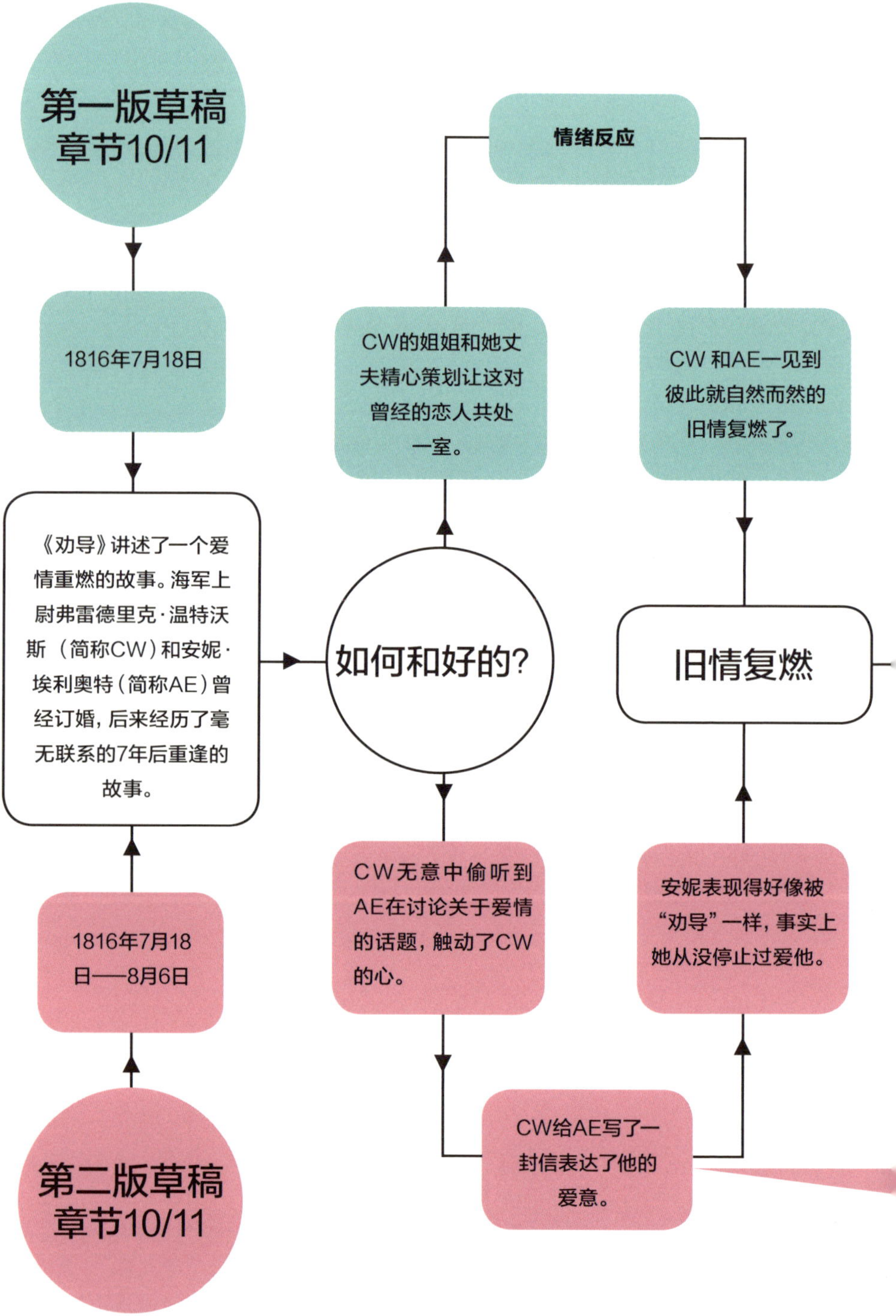
第一版草稿
章节10/11
1816年7月18日
《劝导》讲述了一个爱情重燃的故事。海军上尉弗雷德里克·温特沃斯（简称CW）和安妮·埃利奥特（简称AE）曾经订婚，后来经历了毫无联系的7年后重逢的故事。
1816年7月18日——8月6日
第二版草稿
章节10/11
如何和好的？
CW的姐姐和她丈夫精心策划让这对曾经的恋人共处一室。
情绪反应
CW和AE一见到彼此就自然而然的旧情复燃了。
旧情复燃
CW无意中偷听到AE在讨论关于爱情的话题，触动了CW的心。
CW给AE写了一封信表达了他的爱意。
安妮表现得好像被“劝导”一样，事实上她从没停止过爱他。

# 《劝导》的情节

《劝导》被称赞为是简·奥斯丁最凄美的小说：讲述了青春已逝的28岁少女安妮·埃利奥特与十几年前被认为没有资格去娶安妮的弗雷德里克·温特沃斯之间的爱情故事。这也是简·奥斯丁唯一一本部分原始手稿尚存的书。原稿最后的第10和11章节现存于大英图书馆，这个结局跟许多已出版版本中的结局并不一样。

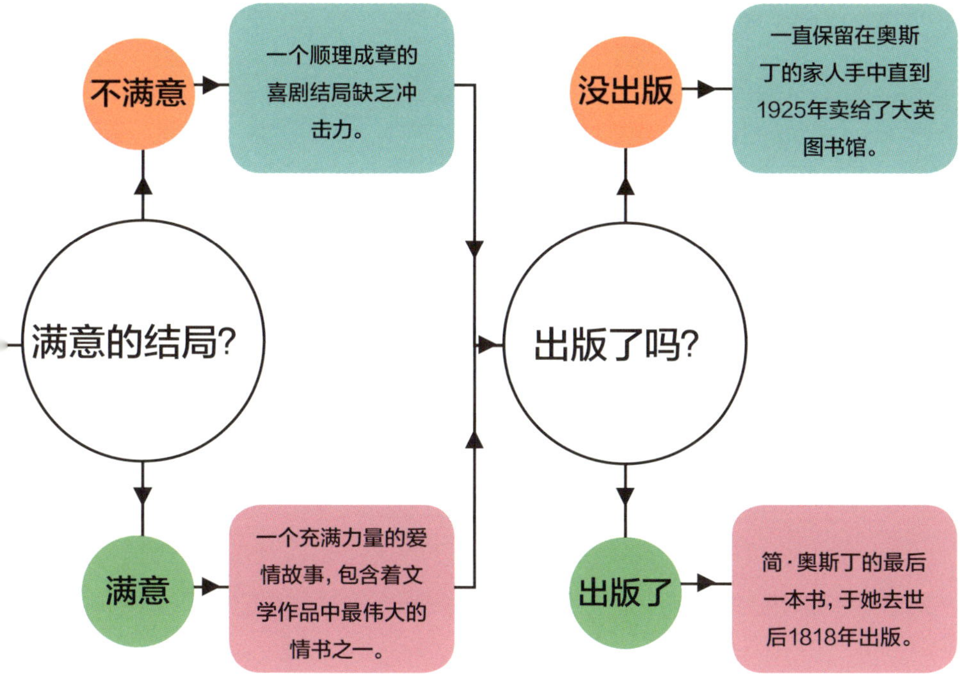


"我再也不能默默地倾听了。我必须用我力所能及的方式向你表明：你的话刺痛了我的心灵。我是半怀着痛苦，半怀着希望……我不敢说男人比女人忘情快，绝情也快。我除了你以外没有爱过任何人。"

# 简·奥斯丁 1775—1817

范妮·伯尼是18世纪七八十年代最受欢迎的小说家之一，遗憾的是，现在很少有读者能说出她成名的四部小说。她的生活跟简·奥斯丁的生活是截然不同的。她自1786年起被任命为朝廷女官，为夏洛蒂王后管理衣物，并且在宫廷中居住了数年；她在41岁时嫁给了一个法国的流亡人士。她与奥斯丁之间的出版经历也是大不相同的，伯尼在她的一生中从书中赚取到的收入远比简·奥斯丁要多得多。

### 风格

对于我们来说，很难相隔两个世纪来评价当年的简·奥斯丁是多么的富有创造力。她自己本身就是一个求知若渴、热爱读书的读者，她能够敏锐地捕捉到当下流行的趋势（她自己是伯尼的书迷）。她小说中自然的对话以及平铺直叙的描写方式为她在那个时代开辟了一个新的天地。

**790英镑**

**去世时的收入额**

**6**

**小说**

**爱情：**

**未婚**

### 家庭

牧师乔治·奥斯丁之女，她是家中八个孩子中的一个，有六个兄弟和一个姐姐。

# 1775—1817 范妮·伯尼

## 风格

虽然伯尼的第一本小说《伊夫莱娜》是以18世纪中叶非常流行的书信体形式（按时间顺序排列的书信）创作的，但是她的后三部小说《塞西莉亚》（1782）、《卡米拉》（1796）和《流浪者》（1814）都是以第三人称的角度叙述的。在她前几部小说大卖后，她的出版商为《流浪者》付了一大笔预付款。然而不幸的是，当这本书出版时，她的风格开始过时了，所以这本书并没有达到预期的销量。

**4**

小说（同时还有8部戏剧、20篇日记以及一本传记）

**爱情：**

**与法国流亡人士亚历山大·达布莱将军结婚，二人拥有一子，名为亚历山大。**

**4280英镑**

去世时收入的最小额

## 家庭

音乐史家与作曲家查尔斯·伯尼博士之女,她是家中六个孩子中的一个，有三个姐妹和两个兄弟。

# 书信中的女人

根据复杂的统计——包括简·奥斯丁经常写信的人，她不在家的时间，以及摄政王时代女人们通常的通信时间等等，在简·奥斯丁短暂的人生中，她大概写过3000余封信。可惜的是，只有少数信被保存了下来。在简·奥斯丁去世后，卡桑德拉·奥斯丁销毁了大部分的信件，并且从剩下的部分中又删掉了一些段落。“简迷们”有时会对奥斯丁大多数信件中的日常语气感到失望，因为实在是太不“文学”了，但是这些文字不缺个性而又非常犀利。

## 八卦

**“……她似乎还是和9月份时一个模样——脸膛宽宽的，脖子胖胖的，系着钻石发带，穿着白色鞋子；她的丈夫则仍旧脸色泛红。……”**（舞会后的记录）

——致卡桑德拉，1800年11月20日

## 时尚

**“我不禁觉得脑门上长出鲜花要比长出水果自然些。”**（帽子上的装饰物）

——致卡桑德拉，1799年6月11日

## 商业

**“请您务必给我打个电话……我认为一个简短的谈话会比写信更有用……”**
（与出版商谈判）

——致约翰·默里，1815年11月3日

## 新闻

**“有这么多人被杀是多么可怕啊！谁都不关心他们。”**
（关于半岛战争的伤亡者）

——致卡桑德拉，1811年5月31日

## 折叠的信

**在那个年代，纸张很贵，而且信封不怎么通用；大多数的信都是在写完后直接叠好封口的。钱通常会放在密封章里面用来垫付邮费。**

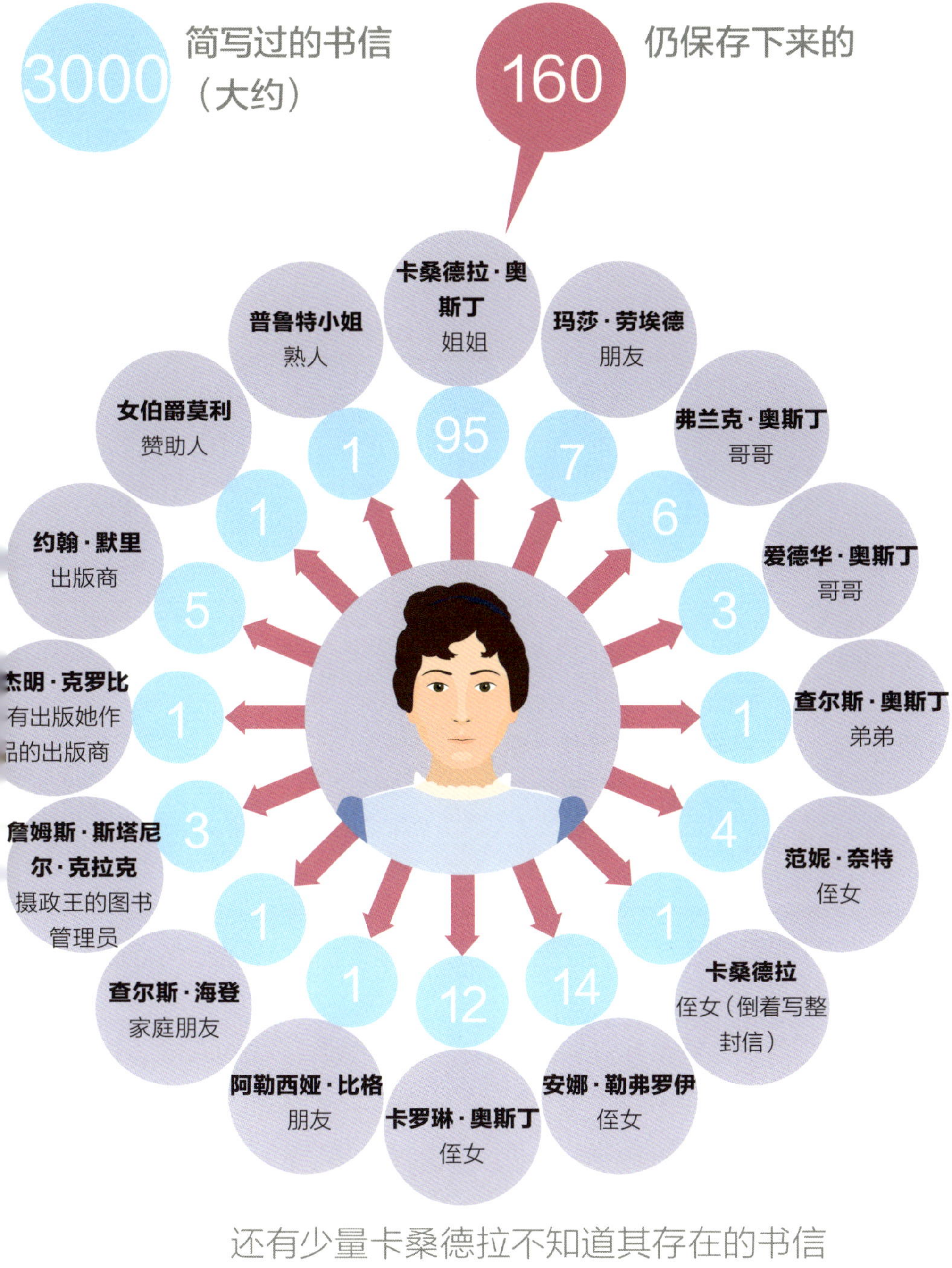
3000 简写过的书信（大约）
160 仍保存下来的
卡桑德拉·奥斯丁 姐姐 95
玛莎·劳埃德 朋友 7
弗兰克·奥斯丁 哥哥 6
爱德华·奥斯丁 哥哥 3
查尔斯·奥斯丁 弟弟 1
范妮·奈特 侄女 4
卡桑德拉 侄女（倒着写整封信） 1
安娜·勒弗罗伊 侄女 14
卡罗琳·奥斯丁 侄女 12
阿勒西娅·比格 朋友 1
查尔斯·海登 家庭朋友 1
詹姆斯·斯塔尼尔·克拉克 摄政王的图书管理员 3
杰明·克罗比 有出版她作品的出版商 1
约翰·默里 出版商 5
女伯爵莫利 赞助人 1
普鲁特小姐 熟人 1
还有少量卡桑德拉不知道其存在的书信

# 哈巴狗

简·奥斯丁在书中没有很详细地描述过动物。马匹在书中是用来当作交通工具以及标记财富等级的。马和猎犬的场景通常是为了描写一个年轻男人的运动兴趣爱好的。不过，在她小说中真正作为宠物出现的只有哈巴狗。

比如《曼斯菲尔德庄园》中自私懒惰的伯特伦夫人每次出场时，虽然没有明确地提及过许多次哈巴狗，但总是莫名其妙的让人感到它的存在。

## 5 关于哈巴狗的个事实

1 哈巴狗对伯特伦夫人来说非常重要：奥斯丁半讽刺地说她认为相比于孩子们，伯特伦夫人更关注她的狗。

2 像伯特伦夫人一样，哈巴狗也总是在沙发上待一天。

3 哈巴狗有时候会很活跃：在玫瑰花园度过炎热的一天后，伯特伦夫人会因为呼喊她的哈巴狗离开花圃而变得疲惫不堪。

4 哈巴狗在十八九世纪非常流行：一只出现在了路易十四的肖像画中；戈雅为贵族马凯萨·德·庞特乔和她的哈巴狗作了画；贺加斯的自画像中也出现了他的宠物狗。

5 哈巴狗的后代。托马斯·伯特伦爵士向范妮表达爱意后，伯特伦夫人表达了她的赞同：“范妮，我要告诉你的是，比起对玛丽亚，我为你做的更多的是下次我的哈巴狗生小狗时我会送你一只。”

简·奥斯丁

# 04

# 遗产

“……奥斯丁在所有伟大作家中最难捕捉其伟大之处……”

——弗吉尼亚·沃尔夫，于1924年1月30日修订完整版小说时评论

# 从当地作家到国宝级作家

在简·奥斯丁去世的几年后，她的作品几乎变得默默无闻。《曼斯菲尔德庄园》的第二版销量非常惨淡。1821年时，约翰·默里低价售出了《诺桑觉寺》和《劝导》，早在1817年时，《傲慢与偏见》和《理智与情感》的出版商托马斯·埃格顿同样低价售出了库存。

虽然名气恢复得缓慢，但是在1870年一本关于她的回忆录出版后，伴随着日益重要的批判性意识，奥斯丁的名声逐渐从一个小山丘上升到了一座大山的高度，在20世纪30年代时，她成为了国宝级的作家；到了20世纪90年代时，批评界的青睐以及应接不暇的电影和电视剧使她成为了家喻户晓的文学巨匠。

**1821**

**都柏林大主教理查德·怀特在《评论季刊》上发表了一篇关于简·奥斯丁的长文章，称赞她的作品是小说里现实主义新风格的先锋之作。**

**1832**

**出版商理查德·宾利找到奥斯丁的家人，并且用210英镑 买下了除《傲慢与偏见》以外其他作品的版权。随后他从托马斯·埃格顿那里以40英镑的价格得到了《傲慢与偏见》的版权，并且用他自己的格式发行了微版“标准小说”系列集。**

**1860**

**简·奥斯丁六部小说的最后一本的版权到期了。宾利每隔10年就会将每部作品打印1000份——为了保持作品的可用性。**

**1870**

**詹姆斯·爱德华·奥斯丁·利出版了一本他已故的姑妈的回忆录；封面是一幅深入人心的肖像画，这部回忆录卖得很好，激起了社会大众对于简的小说的兴趣。**

**1882**

**理查德·宾利出版了一本名为“史蒂文顿版”的精选集，并且用了更昂贵的纸张和装订方式。**

**1885**

**莱斯利·斯蒂芬——弗吉尼亚·沃尔夫的父亲，将简·奥斯丁的词条收录到牛津《国家人物传记大辞典》中。**

**1885**

艾伦&麦克米伦出版了一本很受欢迎的版本的《傲慢与偏见》。由著名的插画家休·汤姆森为其绘制了160幅插图。它们很快就成为奥斯丁大众风格的缩影。

**1898**

作家以及无政府主义者费利克斯·费南翁用富有文学色彩的语言翻译了简·奥斯丁的《诺桑觉寺》，并且以《凯瑟琳·莫兰》为名在《白色评论》杂志上连载。

**1917**

一块纪念奥斯丁的牌匾挂在了乔顿小屋的墙上。

**1923**

罗伯特·查普曼将奥斯丁五卷本标准版本经过学术编辑后出版。

**1933**

《苏珊夫人》的手稿在苏富比的拍卖中以2100英镑（8，812美元）的价格卖给了来自芝加哥的书商沃尔特·M.希尔。

**1940**

《傲慢与偏见》第一次出现在大荧幕上，由葛丽亚·加森和劳伦斯·奥利弗主演。剧本由奥尔德斯·赫胥黎撰写。

**1940**

心理学家和评论家DW.哈丁发表了论文《受监管的仇恨》，这篇文章对于那些普遍将奥斯丁作品的人物形象认为是“舒适惬意”的学者进行了反驳。

**1940**

忠实狂热的粉丝多萝西·达内尔创立了简·奥斯丁英国协会，以筹款购买了查顿小屋并创建了博物馆。

**1978**

大卫·塞西尔勋爵出版了《简·奥斯丁的肖像》，并且广受欢迎。

**1979**

简·奥斯丁北美协会成立。

# 好的……

在当今这种普通读者和文学评论家对奥斯丁的作品普遍都是赞美的氛围中，很难想起来有些人非常不喜欢她的小说。对于马克·吐温来说，他对奥斯丁的作品的厌恶演变成了一个文学笑话并且运用了每一个可以想到的机会来讽刺她——“一旦你放下了她的其中一部小说，你简直就不想再拿起来了。”在她的名字变得家喻户晓之前，有些人天真地去找着奥斯丁的缺点，完全不知道他们在批评一个文学巨匠。

“又读了一遍，至少这是第三遍读奥斯丁小姐的杰作《傲慢与偏见》了。这位年轻女士有描写普通人物情感、性格及错综复杂的生活的天赋。她的天赋是我所知最出色的……拥有如此出色的天赋却英年早逝真是太可惜了。”

——沃尔特·司各特，日记，1826年

“简·奥斯丁的现实主义和栩栩如生的人物形象最接近莎士比亚笔下的形象。然而莎士比亚像一个太阳，简·奥斯丁虽然也拥有个真实而又明亮的小世界，但却像一颗小行星。”

——阿尔弗雷德·丁尼生先生，引用于其子哈勒姆，1897年

“简·奥斯丁小说中所有的人物都能自成格局，不为书本所限，这就是为什么这些人物显得特别逼真的原因……她写的多好！”

——EM.福斯特，《小说面面观》，1927年

# 坏的……

“我完全不能理解人们为什么把奥斯丁小姐的小说捧得那么高，那些小说在我看来格调低俗，缺乏新意，禁锢于英国社会可悲的陈规陋习，毫无天分和智慧，没有对世界的了解。那种生活真是前所未有的苍白和贫瘠……自杀才是更值得尊敬的。”

**——拉尔夫·瓦尔多·爱默生，笔记，1861年**

“除了小说中爱玛的父亲认为稀粥有益于健康之外就没有什么故事性了，而且人们也很难理解稀粥到底代表了什么。”

**——玛丽亚·埃奇沃思，根据她本人对哥特小说的偏好，她认为《爱玛》是一部非常平淡无奇的小说。**

# 恶毒的评论！

“她的作品令我抓狂以至于无法在她的读者面前隐藏我的情绪，每次我读《傲慢与偏见》时，都想把她从坟墓里挖出来，用她自己的胫骨砸在她的头盖骨上。”

**——马克·吐温，写给他的朋友约瑟夫·特维切尔牧师的信，1898年**

# 简·奥斯丁故居博物馆

简·奥斯丁故居博物馆坐落于汉普郡的乔顿小屋（然而，以现代标准来看，这是一所相当大的别墅），邻近于奥尔顿，她与母亲以及姐姐从1809年到1817年居住于此。1947年，P.E.卡彭特买下乔顿小屋，并将其赠予国家以纪念其在二战中去世的儿子。在1845年卡桑德拉·奥斯丁去世后，房子被分割成廉租公寓租给了工人，到了1949年时，小屋的样子已改变了许多。尽管如此，乔顿小屋还是提供了19世纪早期乡村生活的一个缩影，而且，小屋中大量的日常用品激起了简迷们的兴趣，给予了他们足够的回忆空间。

## 奥斯丁的拼布被

由简、卡桑德拉以及奥斯丁夫人共同制作，运用了64种不同的花样。

“你记得收集拼凑花样了吗？我们的进度现在停滞不前了。”

——简写给卡桑德拉·奥斯丁的信，1811年5月

## 战利品

在博物馆展出的少量珠宝中（包括黄宝石的十字架），有些是简和卡桑德拉在海军服役的哥哥查尔斯送的，这些珠宝是1801年时，他参与抓捕海盗时得到的嘉奖。它们之间有着细微的不同——简收到的一个椭圆形的宝石——这个礼物很可能是《曼斯菲尔德庄园》中琥珀十字架的灵感来源。

# 写字台

简·奥斯丁用来在自己叠好的手工书上写字和修订的桌子是用胡桃木做的，由十二边形的桌面和一根单柱三脚架组成。

# 奥斯丁的电影

即使是随便的数一数，也能数出超过30部关于简·奥斯丁的电影，这些电影不仅包含了直接对小说的改编，有些还加入了一些奇特的情节。以下列举了一些有意思的电影，并且加以了注释来说明这些作品出色的原因。不出所料的是，《傲慢与偏见》比起其他小说似乎更加适合改编。

01

**《傲慢与偏见》（改编版）**

罗伯特·Z.伦纳德．1940

第一部电影。葛丽亚·加森穿着巨大的塔夫绸长裙旋转时，劳伦斯·奥利弗在一旁对她浪漫地凝视着。奥尔德斯·赫胥黎写了几版来描写书中的场景，但都没什么帮助。这部电影的经典之处在于其中的射箭场景。

**1940年**
**奥斯卡**
**最佳**
**艺术指导**

02

**《傲慢与偏见》（改编版）**

西蒙·兰顿，1995

专业地说，这部影片算不上是一部电影，
是迷你剧的形式给予了原作更自由的发
空间，其中，达西游泳的场景并不是很符
奥斯丁的风格，但却非常吸引观众的目ﾒ
或许，科林·费斯和詹妮弗·艾莉就是
的达西和伊丽莎白。

05

**《曼斯菲尔德庄园》**
**（改编版）**

帕特丽夏·罗兹玛，1999

这部电影开创性地诠释了范妮·普莱斯在追求成为作家的梦想时意识到的女性主义以及社会意识形态问题。

06

**爱玛**
**（改编）**

道格拉斯·麦格拉斯，1996

虽然小说中更深层次的细节被许多的
射箭场景所替代了，但是格温妮丝·帕
特洛还是在豪华的制作阵容中准
确地抓住了人物的特点。

**1996年**
**奥斯卡**
**最佳原创配乐，**
**最佳服装设计**
**（提名）**

**327**

**分钟!**

### 03 理智与情感（改编版）

李安，1995

爱玛·汤普森与凯特·温丝莱特之间感人至深的情谊以一种广受好评的改编形式被搬上荧幕。

### 04 独领风骚（改编自《爱玛》）

艾米·海克林，1995

这可能是演绎奥斯丁书中情节的最先锋的形式：将爱玛的故事迁移到20世纪90年代的洛杉矶。由青春活力的艾丽西亚·希尔维斯通主演。

**1995年**
**奥斯卡**
**最佳**
**改编剧本**

### 07 新娘与偏见（改编自《傲慢与偏见》）

顾伦德·查达哈，2004

这部当代的宝莱坞翻拍电影将《傲慢与偏见》换上了紧身的纱丽束衣来讲述当今锡克教的爱情故事，除了一些固定的剧情外还加入了大量的歌舞场景。

### 08 傲慢与偏见与僵尸（改编自《傲慢与偏见》）

布尔·斯蒂尔斯，2016

这是一部轰动一时的讽刺喜剧电影，改编自同名小说。尽管乔治·韦克翰在电影开头被设定为一个非常具有魅力的僵尸角色，这部电影还是遭遇了票房的惨败。

# 奥斯丁的关键词

四轮马车

理智与情感

约翰·默里

自然主义

青少年时期作品

史蒂文顿

查普曼

荒唐事

普世真理

热压纸

玛爱

简

写字台

奉献

仪礼

未婚女人

爱

闻名世界

乡下人

诺桑觉寺

乔顿

优雅

修辞

军官

求婚

曼斯菲尔德庄园

翻版

沙发

戏剧演出

傲慢与偏见

苏珊夫人

四轮马车

海誓山盟

羽毛笔

彭伯利

讽刺

奥斯丁品牌

读者的情感

寿命

约会

简迷

智慧

继承

汉普郡

奥斯丁

灌木丛 家庭

桑迪顿

手稿

舞会

兄弟姐妹

范妮·伯尼

哥特小说

贫穷的

劝导

牧师

钢琴

多愁善感

朴茨茅斯

卡桑德拉

财富

流通图书馆

# 奥斯丁品牌

正如人们对于一个全球高知名度的作家所预期的那样，简·奥斯丁本人以及她的文学作品被衍生出了许多产品，其中有些商品比起其他的来说看起来似乎更符合受尊敬女作家的形象。

01 如果你想混合一部分奥斯丁样式的饼干的话，你不仅可以用刀将外形切割成卡桑德拉·奥斯丁轮廓的样子，你还可以将她的外形特点印在上面。

02 浪漫的味道：彭伯利，一款以简·奥斯丁为灵感的香水是这样宣传的：

“在你的手腕上轻搽一点‘彭伯利’，挽上爱人的手臂，在花园中转一转。”

03 奥斯丁的肖像在2017年首次出现在英国10英镑的纸币上。讽刺的是，这个价格恰恰是当时未出版她的书籍的出版商买走她第一部小说《苏珊夫人》的价格。

04 被爱所伤？只要7美元就能拥有一盒15个带有小说人物图案的大号创口贴来抚平你的伤痛。

05

任何一个想在婚礼中加入正宗的奥斯丁式浪漫的人都可以买一盒由《傲慢与偏见》的书剪成的心形五彩纸屑。

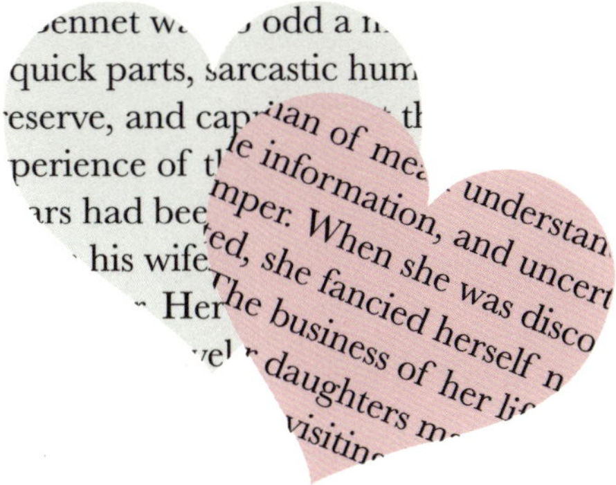

06

2010年时，谷歌主页以一幅画有奥斯丁式夫妇以及英国乡村风景的插画纪念了简·奥斯丁诞辰235周年。

07

如果你不想永远地把你的皮肤奉献给简，那么暂时性的纹身可以提供给你一个了解奥斯丁名言的机会。

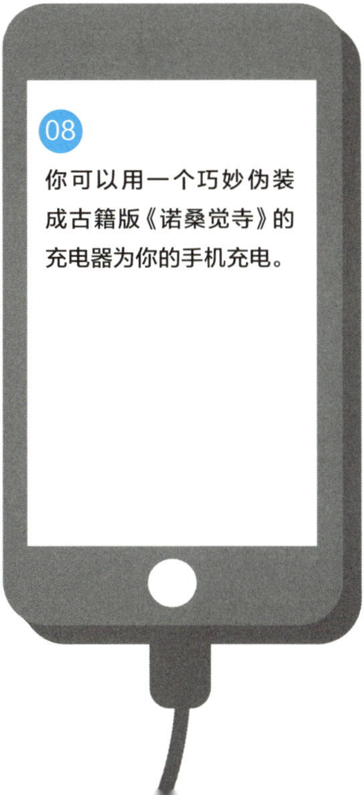

08

你可以用一个巧妙伪装成古籍版《诺桑觉寺》的充电器为你的手机充电。

09

用以简为主题的薰衣草香包给你房间带来乔治王时期的味道。

# 拍卖中的奥斯丁

2300英镑

1933

## 《苏珊夫人》手稿

这份手稿从卡桑德拉·奥斯丁传到她的侄女范妮·奈特手中，后来由她的儿子布雷伯恩勋爵于1893年在图书馆中拍卖。这份手稿由罗斯伯里伯爵以90英镑的价格购得后保存在其藏书馆中，直到1993年卖给了芝加哥的书商沃尔特·M.希尔。现在收藏于纽约的摩根图书馆。

180000英镑

2008

## 《爱玛》的印刷本

这本书首次印刷了12本赠阅版。第一本不情愿地献给了摄政王，由其图书管理员代收。拍卖的这个版本则是赠予了曾经为他哥哥爱德华的孩子们当过家庭教师的好朋友安·夏普。

993250英镑

2011

## 《沃森一家》手稿

简于1804年时放弃了这部小说，这本长达68页的小说草稿由伦敦苏富比拍卖行拍卖。

## 2013

# 简·奥斯丁肖像

由伦敦苏富比拍卖行进行拍卖，这幅肖像是基于卡桑德拉·奥斯丁的原作，由其侄子爱德华·奥斯丁·利委托画家为奥斯丁传记的卷首而进行创作的。

135000英镑

## 2014

# 简·奥斯丁的绿松石戒指

152450英镑

这枚镶有绿松石的9ct金戒指由美国歌手凯利·克拉克森购买。在禁止将国宝珍品带出英国的限令颁布后，她将戒指以149000英镑的价格卖给了乔顿的简·奥斯丁故居博物馆。

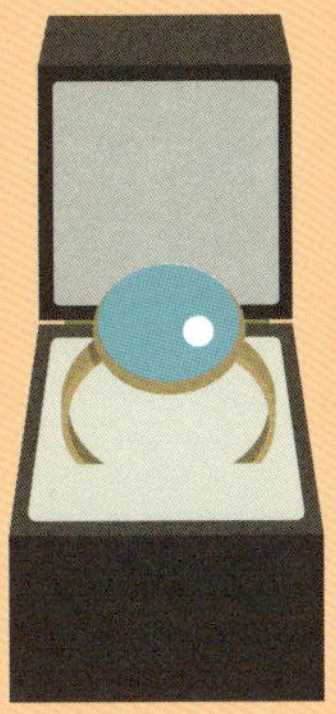

## 2014

# 简·奥斯丁的签名

23750英镑

这张明显从书中扉页撕下的签名（带有日期：1811年1月），在伦敦邦瀚斯拍卖行拍出高价。

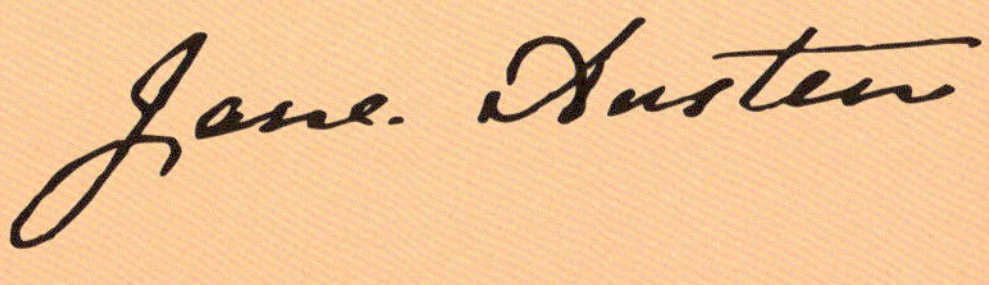


## 2014

# 《爱玛》的印刷本

48050英镑

在第一次印刷中有极其少量的三卷版本出版，这些版本仍然以出版商的一种硬纸板形式装订（大多数的出版商通常会选择与他们现存藏书相差不多的装订方式）。

# 小传

**卡桑德拉·奥斯丁**
(1773—1845)
简的姐姐，也许是她一生中最重要的一个人。虽然卡桑德拉最有名的举动就是毁掉了许多奥斯丁的信件，但是比起毁掉简的遗产，她做得更多的是保护。

**玛莎·劳埃德**
(1765—1843)
玛莎和她姐姐玛丽是简·奥斯丁和卡桑德拉·奥斯丁最好的朋友。她们是诺伊斯·劳埃德牧师的女儿。玛莎在乔顿和南安普顿时都住在奥斯丁的家中，最终成为了弗朗西斯·奥斯丁的妻子。

**约翰·默里**
(1778—1843)
约翰·默里是英国乔治王时期最著名以及最杰出的出版商，他同时也是拜伦勋爵和沃尔特·司各特爵士的出版商。他是出版了奥斯丁四部小说的第一人，这四部小说分别为《爱玛》、《曼斯菲尔德庄园》、《诺桑觉寺》和《劝导》。

**乔治·奥斯丁牧师**
(1731—1805)
简的父亲是一位乡村的教区牧师。他年轻时拥有着俊俏的外貌以及从容博学的性格。他鼓励奥斯丁早年的创作，而且是第一个帮她联系出版商，看看她是否能够拥有比家庭圈更广泛的读者群的人。

**卡桑德拉·奥斯丁（原名‘尼利’）**
(1739—1827)
简的母亲在自己出名的女儿去世了10年后才离世。她在这段婚姻中非常的幸福，而且在家庭中是一个活泼开朗、精力充沛的母亲，能够很好地管理着一家人的大小事务。在当时不多见的是，她的8个孩子都活到了成年。

**汤姆·勒弗罗伊**
(1776—1869)
汤姆·勒弗罗伊是简·奥斯丁唯一一个爱上的人。他是乔治·勒弗罗伊牧师的侄子，住在离史蒂文顿 不远的阿什。当汤姆在1795年12月去拜访他叔叔时，他与简就钟情于彼此了。

**亨利·奥斯丁**
(1771—1850)

他是简最喜欢的哥哥。在金融危机迫使他在1816年加入教会前，他的职业除了在民兵队服役之外还创办了银行。他为首版的《诺桑觉寺》以及《劝导》撰写了“作者传略”。

**哈里斯·比格–威瑟**
(1781—1833)

阿勒西娅·比格的弟弟（家中唯一一个继承了威瑟这个姓氏的儿子）在1802年向奥斯丁求婚了。一开始奥斯丁接受了，不过后来又反悔了，她认为没有爱情的婚姻是愚蠢的。

**阿勒西娅·比格**
(1777—卒年不详)

阿勒西娅·比格和姐姐凯瑟琳是简·奥斯丁和卡桑德拉·奥斯丁少女时期的玩伴。她们住在史蒂文顿 附近美丽的曼尼顿庄园中，简和姐姐经常在那里小住。

**弗朗西斯·奥斯丁**
(1774—1865)

简有两个服役于海军的兄弟，他是其中一个。12岁就开始服役的他通过逐步的晋升，最终于1863年成为了海军舰队司令。他的第二任妻子是简最好的朋友玛莎·劳埃德。

**伊丽莎·德·弗亚德夫人（原名为“汉考克”/后改为奥斯丁）**
(1761—1813)

简·奥斯丁外国的堂姐，费拉德尔菲亚·汉考克的女儿。出生在印度，后于法国和英国长大，她的到来让奥斯丁表亲们认识到了一个更宽广更复杂的世界。

**托马斯·埃格顿**
(1784—1830)

第一个出版简·奥斯丁作品的出版商：他在1811年买下《理智与情感》并从中抽取佣金(简赚取140英镑)，在1813年花了110英镑买下《傲慢与偏见》的版权。

家庭　出版商

朋友　追求者

# 致谢

图片来源说明

出版方想要向本书中的以下图片复制许可方致谢。

竭力感谢每位版权持有人，若有遗漏，在此致谢。

23 iStock images.

42 Carriage Silhouettes Shutterstock/elmm.

57 Oscar Wilde, photograph by Napoleon Sarony, 1882 Shutterstock/Everett Historical.

71 Fanny Burney Shutterstock/Everett Historical.

74 iStock images.

81 Ralph Waldo Emerson, from an original drawing by Sam W. Rowse, ca.1845. Shutterstock/Everett Historical.